Anne Brunet-Mbappe   **Michelle Fayet**   **Pascal Renaud**

Agir pour entreprendre

Avec la participation d'Hervé Azoulay et de Marie-Laure Ruhemann

EYROLLES

Éditions d'Organisation

Éditions d'Organisation
Groupe Eyrolles
61, bd Saint-Germain
75240 Paris cedex 05

Consultez notre site :
www.editions-organisation.com
www.editions-eyrolles.com

Table des matières

FOCUS 3 - Créer et développer 109

Un livre différent...

Porteurs de projet, étudiants, ce livre a été pensé pour vous…

... pour accompagner votre souffle d'entreprendre

Vous êtes porteur d'un projet ? Vous rêvez d'être votre propre patron ? Tant mieux ! Nous allons vous aider à construire votre chance d'entreprendre.

Vous êtes étudiant ? Vous êtes de plus en plus nombreux à vous engager dans des études d'entrepreneuriat. Vous avez des profils diversifiés, des formations variées, des projets multiples, mais une aspiration commune : entreprendre quelque chose de votre vie !

Cette aspiration entrepreneuriale prendra corps très vite à la fin de vos études, ou sans doute plus tard. Elle s'exprimera à travers la création d'une entreprise ou d'une association, par la reprise de l'entreprise familiale ou par le développement d'une entité nouvelle au sein d'une grande entreprise.

Certains introduiront un procédé nouveau dans l'entreprise, d'autres proposeront des produits ou services inattendus. Les uns privilégieront la croissance financière de leur activité, les autres, la richesse sociale. Tous, (futurs) entrepreneurs, vous créerez de la valeur et des emplois. Ce livre accompagnera votre souffle d'entreprendre.

... avec un accès modulaire aux ressources

Une interrogation ponctuelle sur un sujet? La nécessité d'entrer dans le détail d'un thème? Une hésitation sur une procédure à suivre? La volonté d'adapter vos connaissances d'un métier spécifique au métier d'entrepreneur? Petite ou grande question? Vous trouverez ici de nombreuses réponses à vos interrogations.

L'organisation modulaire de l'ouvrage vous permettra de «zapper» d'un module à un autre sans la contrainte d'une lecture linéaire. Chaque module peut se lire de façon indépendante et fait le point sur un thème en peu de pages :

– Vous manquez de temps et recherchez la synthèse d'un sujet? Parcourez les modules «flash».

– Vous souhaitez approfondir vos connaissances? Choisissez un focus et imprégnez-vous des développements présentés dans chacun de ses modules.

– Vous attendez le point de vue des hommes de terrain? Écoutez-les, nous les avons interviewés.

– Vous recherchez une définition? Reportez-vous aux encadrés de couleur.

– Vous ne savez comment vous diriger dans la masse des livres parus dans le domaine de l'entrepreneuriat? La bibliographie commentée vous guidera vers le bon ouvrage au bon moment.

– Vous recherchez un conseil? Prêtez attention aux passages des rubriques «À noter» et «Fil rouge».

Ce livre facilitera l'accès rapide et adapté à chacune de ces ressources.

... connecté à Internet *via* votre téléphone mobile

Pour certains d'entre vous, plus de vie possible sans Internet ni outils nomades : téléphone, ordinateur, lecteur mp3, etc. : sachez que ce livre intègre les dernières technologies nomades. Il est donc *aussi* possible de le lire en restant connecté à Internet, où que vous soyez, grâce à l'intégration des flashcodes insérés au fil des pages.

Vous connaissez ce symbole graphique ?

C'est un flashcode, un code-barres 2D. Dès que vous le rencontrerez dans le livre, passez votre téléphone mobile dessus, comme vous feriez glisser une souris d'ordinateur : à partir d'une application téléchargeable (lire page suivante), vous serez immédiatement reliés à un site Internet. Découvrez alors «en *live*» sur votre mobile les données, idées et précisions que vous recherchez sur un sujet. Visionnez aussi les interviews filmées d'experts ou de nouveaux entrepreneurs et découvrez leurs parcours, leurs motivations, comment leurs rêves sont entrés dans la réalité. Vous bénéficierez de leur expérience et gagnerez du temps.

Bonne lecture, bon surf, belle entreprise !

« L'avenir appartient à ceux qui croient à la beauté de leurs rêves. »
Eleanor Roosevelt

 # Le flashcode

L e flashcode est un code-barres à deux dimensions.

Retrouvez les *flashcodes au fil des pages* et passez directement de votre livre à Internet… pour :

• visiter le site d'une entreprise ;

• écouter le point de vue d'un expert ou d'un entrepreneur en vidéo.

Pour accéder à ces informations à partir de votre téléphone portable, téléchargez et installez l'application Mobiletag dans votre téléphone. Ce lecteur est gratuit et peut être installé en quelques secondes sur les téléphones mobiles compatibles.

Rendez-vous à l'adresse suivante : http://www.mobiletag.com/. Dans l'onglet télécharger, choisissez le lien de téléchargement correspondant à votre téléphone.

Une fois installé, lancer le lecteur de flashcode.

Survoler le flashcode : l'application le photographie, se connecte et vous dirige vers le site indiqué dans le livre.

L'application ne détecte pas le flashcode ? Vérifiez la compatibilité de votre téléphone et veillez à vous situer dans un cadre suffisamment lumineux : la lumière doit diffuser de façon homogène sur toute la surface du flashcode.

L'environnement et l'acte d'entreprendre

MODULE 1 — Le souffle entrepreneurial

« Sans entrepreneurs, le monde ne serait toujours qu'une idée. » Georges Doriot

Vous sortez du Centre de formalités des entreprises (CFE), votre dossier en main. Voilà, vous êtes un entrepreneur : après tous ces mois de réflexion et de démarches, votre petite entreprise est créée, elle porte un nom (commercial), un numéro (de SIRET), a un objet (social). Comme un enfant, elle est déclarée officiellement sur les registres de l'administration.

Aujourd'hui, vous formulez des rêves, vous regardez au loin, vous êtes même peut-être euphorique… *«Ça va marcher !»*, vous dites-vous… Gardez toujours cet enthousiasme ! Dans l'aventure entrepreneuriale, vous venez de réussir la première étape, l'aventure administrative ! Désormais, vous allez en permanence voguer entre les vies de stratège, de visionnaire, de gestionnaire, de meneur d'hommes, de créatif et de communiquant. Vous entrez de plain-pied dans l'univers de l'entrepreneuriat…

L'univers entrepreneurial

Observez ces sept situations :

– Un ingénieur crée une start-up fondée sur une technologie innovante mise au point par lui-même.

– Un peintre décide de se mettre à son compte en tant qu'artisan.

– Des salariés du textile s'unissent au sein d'une coopérative pour reprendre leur entreprise.

– L'étudiant sortant d'une école de commerce mûrit dans un incubateur la création d'une TPE autour de sa passion musicale.

– Un couple ouvre une crêperie en franchise.

– Une association voit le jour pour accompagner des personnes en situation d'exclusion vers la réinsertion.

– Un cadre employé chez un grand fournisseur d'électricité développe d'abord une «*business unit*» dans son entreprise, puis envisage de gagner en autonomie et de rendre sa petite structure indépendante…

Ces sept situations présentent un point commun, la démarche entrepreneuriale déclinée sous plusieurs facettes : création d'une TPE innovante ou traditionnelle, reprise d'une entreprise, création en franchise, fondation d'une association, situation professionnelle intrapreneuriale puis essaimage.

Michel Adam, l'un des fondateurs des boutiques de gestion (structures d'aide à la création d'entreprise), met en évidence trois logiques entrepreneuriales, typologies dessinées en fonction de l'objectif d'action fixé par l'entrepreneur : une entreprise pour moi, une entreprise pour eux, une entreprise pour nous.

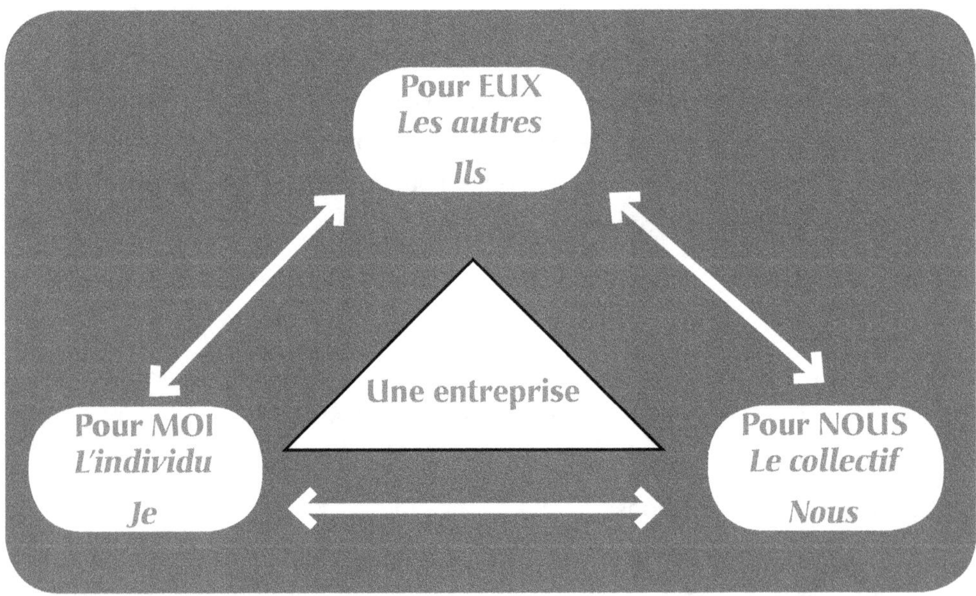

Schéma 1 - Trois logiques entrepreneuriales : les trois voies de l'entrepreneuriat

À ces trois chemins menant à l'entrepreneuriat correspondent trois comporte-ments d'entrepreneurs et trois types de gouvernance, même si de nombreuses interactions existent bien sûr entre eux. Ainsi, de grandes entreprises du pôle «pour moi» peuvent soutenir des projets solidaires par le biais d'une fondation et se rapprocher, par là, du pôle «pour eux» ; ou bien encore, une entreprise d'insertion au statut de coopérative ou de SARL conjugue le «pour nous» de ses créateurs et le «pour eux» de sa cible.

Le regard précède l'action. Celui porté par l'entrepreneur sur la mission de l'en-treprise conditionne le choix de projet, la démarche entrepreneuriale, les valeurs et donc le type d'organisation conçu.

Les trois logiques entrepreneuriales

	→ Pour moi	→ Pour eux	→ Pour nous
Démarche	se mettre à son compte	agir pour d'autres	agir pour soi et d'autres
Logique…	de marché	de redistribution	de réciprocité
Économie	privée	caritative	coopérative
Valeur privilégiée	liberté	fraternité	égalité
Fondement	l'individu	les autres	le collectif
Gouvernance	primauté de l'individu		direction collective
Type d'entreprises	travailleur indépendant profession libérale société commerciale : SARL, EURL, etc.	association atelier protégé entreprise d'insertion	mutuelle coopérative
Entrepreneuriat	traditionnel/*business*	social et solidaire	social

D'après Adam, M., *Réinventer l'entrepreneuriat*, L'Harmattan, 2009

Les différentes voies entrepreneuriales peuvent s'exprimer différemment, au travers des choix d'entreprises, comme le montrent les lignes suivantes.

La voie de la liberté, entreprendre pour soi

Ancien élève de l'École supérieure de cuisine française, Thomas Favrel s'appuie sur ses goûts pour créer en 1995 une SARL, Toques à domicile, proposant à des chefs de cuisiner chez les clients. Puis, il impose sur le marché la marque Toques, un traiteur, organisateur de réception. Il lance 10 ans plus tard un des premiers services de traiteur en ligne, www.idbuffet.com : le client commande cocktails et buffets en ligne et à la carte. Cette entreprise aujourd'hui déployée à Paris et à Toulouse réalise plus de 1 million d'euros de chiffre d'affaires et compte une vingtaine de salariés.

http://www.lestoques.com/

http://www.idbuffet.com/

Une entrepreneure suisse, Anne-Claude Luisier, a créé en 2007 au cœur du Valais la société SensoCreativ, spécialisée dans l'évaluation et le marketing sensoriels. Elle s'est positionnée sur un créneau très étroit qui lui permet d'allier ses deux compétences d'ingénieur et de créative : l'évaluation sensorielle et la création d'univers sensoriels. La Suisse lui a décerné le Prix Femme Entrepreneur 2010 dans la catégorie «Industrie». Que signifie «évaluation sensorielle»?

Anne-Claude définit ainsi son activité : c'est «*la compréhension de ce qui se passe lorsqu'un être humain entre en contact par ses sens avec le monde qui l'entoure*».

http://www.sensocreativ.ch/creativite/sens/cinq/sensocreativ.html

La voie de la fraternité, entreprendre pour les autres

Cette petite entreprise du Gard s'appelle Csoukha. On prononce le nom en deux temps : «C» puis «soukha» ; «C» pour «création» et «soukha», mot d'origine bouddhiste évoquant sérénité et bien-être. C'est la première entreprise au monde à avoir développé une ligne de vêtements comportant des caractères en braille imprimés sur le textile même. L'objectif est d'allier mode et engagement citoyen : Csoukha invite à changer notre regard sur le handicap et pour chaque modèle acheté, l'entreprise reverse 1 euro à deux associations de mal et non-voyants. Son slogan : «Branche-toi et… braille !» Une occasion de se faire fabriquer des T-shirts signifiants pour marquer un événement…

http://www.csoukha.com/

Puisque l'habit fait le moine… Gary Field, entrepreneur new-yorkais, a décidé de créer, voilà une dizaine d'années, l'association Career Gear. Celle-ci fournit gratuitement aux hommes défavorisés en recherche d'emploi une tenue vestimentaire correcte et adéquate pour passer des entretiens de recrutement. Et petit à petit, Career Gear en est venue à proposer d'autres prestations pour aider à garder son emploi et à progresser dans son entreprise.

L'association travaille avec des bénévoles et avec de nombreux sponsors, et non des moindres : Hugo Boss, Burberry, Armani… Fin 2007, Career Gear avait déjà offert un costume à plus de 1 100 messieurs !

http://www.careergear.org/

Ils transforment le passe-temps de femmes seniors en un complément de retraite et offrent un vrai service à la carte. Le principe de Golden Hook ? L'entreprise vous met en relation avec une grand-mère qui, en quelques jours, peut crocheter le bonnet ou tricoter l'écharpe de vos rêves : style, couleurs et types de laine peuvent varier à souhait. Une petite entreprise, loin des grandes chaînes de magasin aux produits *made in China*…

http://www.goldenhook.fr/

La voie de l'égalité, entreprendre pour soi et les autres

À la fin des années 1970, face à l'intransigeance des pouvoirs publics hostiles aux deux roues et pour réagir à la hausse des cotisations d'assurance, le monde des motards s'est fédéré pour bâtir sa propre assurance. La Mutuelle des motards se fonde sur deux piliers principaux : la prévention et la formation. Née d'un mouvement revendicatif impulsé par des motards en colère, cette entreprise mutualiste s'inscrit de fait dans le secteur de l'économie sociale, sans actionnaires à rémunérer (www.mutuelledesmotards.fr).

Depuis 2002, organisé en coopérative, un petit groupe de femmes du quartier de Botafogo dans les favelas de Rio de Janeiro fabrique et commercialise des produits de couture et des accessoires. Ces couturières réalisent des vêtements, des accessoires de mode, du linge de maison et des bijoux artisanaux à partir de matériaux de récupération. La coopérative Coudre des idéaux rencontre un tel succès que les couturières exportent désormais leurs produits aux États-Unis et en Europe. Il leur a même été demandé de confectionner les T-shirts officiels d'un championnat international de motocross, organisé dans la favela par la marque de boissons énergétiques Red Bull.

 http://www.internetcomunitaria.rj.gov.br/costurandoideais/

Et aussi la voie de l'absurdité...

Un entrepreneur américain a créé une société immobilière d'un nouveau genre : il vend des terrains sur la Lune. Comme les clients à la recherche de sentiers peu battus ne manquent pas, cet entrepreneur d'un nouveau genre vient d'étendre sa gamme de produits à Mars et à Vénus…

http://www.moonestates.com/

Aux États-Unis et en Grande-Bretagne, des entrepreneurs ont misé sur l'infidélité des couples pour créer leur entreprise. Ils proposent de véritables services d'espionnage pour surveiller mari ou épouse volage, et surtout pour les prendre en flagrant délit ! Fini le détective au costume gris à la mine sombre ! Ces entreprises utilisent au contraire de très séduisants collaborateurs et collaboratrices chargés de tester la fidélité de l'un ou de l'autre. Les entreprises de « sexspionage » sont nées !

http://honeytrapagency.co.uk/

Une idée venue cette fois d'Australie… L'entreprise Dogtree propose aux propriétaires de chiens un service de «réseautage» pour leur animal préféré. Il s'agit de mise en relation de chiens (*via* leurs maîtres et maîtresses !) afin de favoriser la rencontre de compagnons de promenade. Étonnant, Dogtree compte à ce jour plus de 600 membres. Il existe donc un vrai marché pour les chiens… À quand les chats?

 http://www.dogtree.com.au/home.php 

Au-delà du type d'entreprise au sens juridique, l'entrepreneuriat suppose donc toujours un choix d'orientation et de finalité. Ces motivations entrepreneuriales colorent bien sûr les stratégies de l'entreprise. Si le bénévolat joue un rôle important dans les entreprises dont la finalité est «pour eux» ou «pour nous», toutes s'inscrivent en tout cas dans le secteur marchand. Et ces options distinctes vont fortement s'imbriquer sous l'effet de l'économie de marché.

MODULE 2 — Flash Système entrepreneurial et processus entrepreneurial

'extrême diversité des formes d'entrepreneuriat, et des entrepreneurs eux-mêmes, laisse place à la liberté de parcours. Les démarches restent toutefois sensiblement similaires en termes de réflexion et d'action pour tout acte entrepreneurial.

Pour plus de clarté, l'entrepreneuriat sera ici abordé sous deux angles complémentaires :

– le système entrepreneurial, vision globale et synthétique, permettant d'avoir la visibilité sur les interactions entre les différents champs dont la maîtrise est nécessaire à la réussite de tout projet entrepreneurial ;

– le processus entrepreneurial, approche dynamique et analytique des différentes étapes qui jalonnent le déroulement efficace du projet entrepreneurial.

À noter

Le processus entrepreneurial

Dès la décision d'entreprendre s'engage donc un processus entrepreneurial allant de l'idée à l'activité. Pour être efficace et équilibré, ce processus doit être pensé de manière systémique, comme ci-dessous, en relation avec les différents champs du système entrepreneurial, lui-même en interaction avec un environnement.

Le **système entrepreneurial** est la représentation des différentes facettes nécessaires à toute démarche entrepreneuriale. Il comprend quatre composantes essentielles :

– l'entrepreneur et son projet (voir focus 2) ;

– créer et développer (voir focus 3) ;

– piloter et maîtriser (voir focus 4) ;

– mobiliser et communiquer (voir focus 5).

Ces champs correspondent à des domaines de compétences à maîtriser pour accroître ses chances de réussite entrepreneuriale.

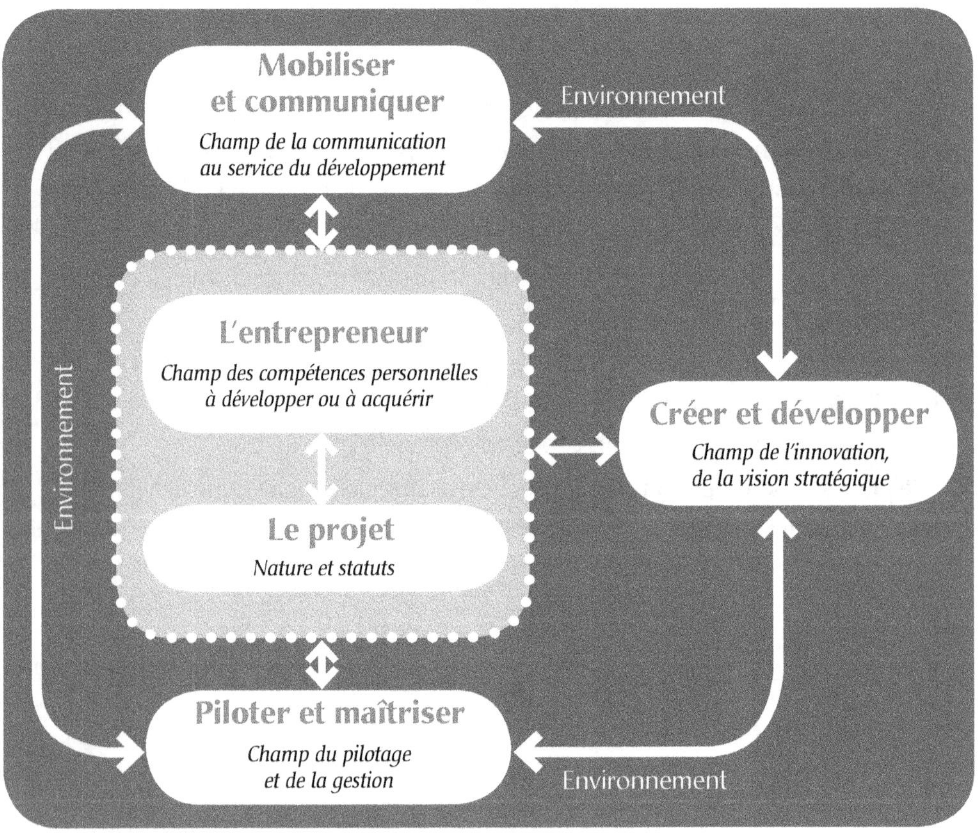

Schéma 2 - Le système entrepreneurial

Le **processus entrepreneurial** est le parcours réalisé pour la première fois par l'entrepreneur : de son idée de création à sa concrétisation en une activité viable. Ce parcours, il le réitère par la suite tout au long du développement de son activité. Il s'intègre complètement dans le cadre du système entrepreneurial. Le processus entrepreneurial est donc la démarche par laquelle l'entrepreneur crée et développe son projet en lien étroit avec son ambition et ses motivations ; comment il communique et mobilise autour de son projet pour le nourrir et le valoriser, tout en veillant à contrôler et à maîtriser ses ressources.

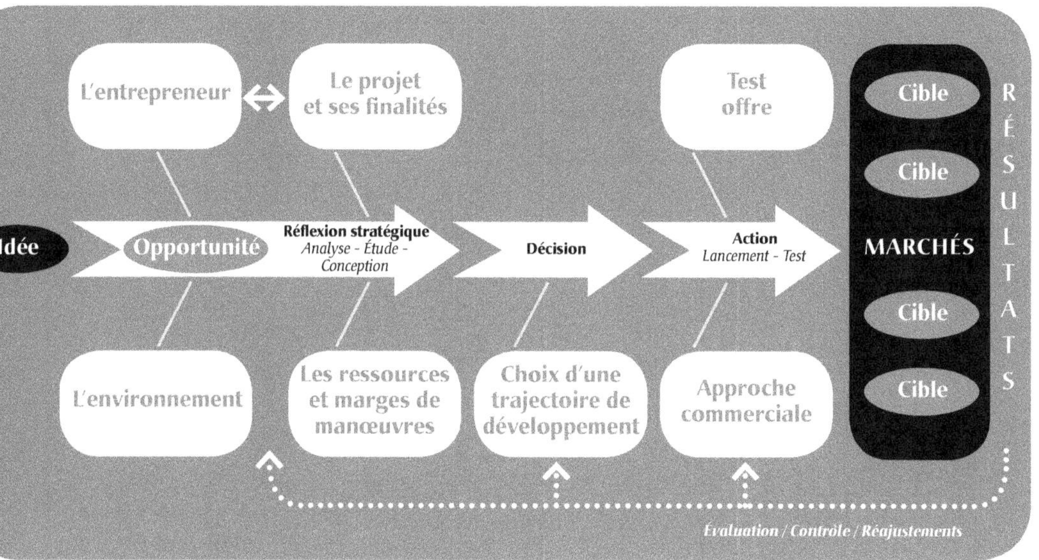

Schéma 3 - Le processus entrepreneurial

En raison de la globalisation des marchés et de changements sociétaux, l'entrepreneuriat est en évolution. En France, il prend plus souvent qu'auparavant une visée sociétale : des entrepreneurs cherchent à concilier leur activité économique et la création de richesse sociale. C'est tout l'enjeu de l'entrepreneuriat social et solidaire (voir module 3). Ailleurs dans le monde, l'entrepreneuriat a gagné aussi du terrain jusqu'à devenir un phénomène mondial, même s'il diffère selon les contextes socio-économiques et culturels dans lesquels il prend corps ; difficile de comparer l'«*entrepreneurship*» américain avec l'entrepreneuriat dans les pays émergents comme la Chine ou l'Inde (voir modules 5 et 6).

MODULE 3 — De nouvelles pistes entrepreneuriales

e phénomène entrepreneurial est multiple et s'exprime différemment selon les environnements socio-économiques et les volontés personnelles des entrepreneurs. Aujourd'hui, l'entrepreneuriat est en évolution : plus collectif en raison de la globalisation des marchés, plus social pour répondre aux changements sociétaux.

Créer de la valeur sociale...

Tel est le choix des entrepreneurs sociaux. En fondant, en janvier 1985, les Restos du Cœur pour aider les plus démunis, Coluche n'imaginait pas son association reconnue un jour d'utilité publique et devenir une véritable entreprise sociale distributrice de millions de repas. Avec 55 000 bénévoles, plus de 2 000 centres, les Restos du Cœur se diversifient et proposent désormais des hébergements, des ateliers d'insertion, du soutien scolaire et même des vacances…

L'appellation «entrepreneurs sociaux» n'existe pas encore en 1980 lorsqu'une quinzaine de jeunes médecins militants crée l'ONG Médecins du Monde pour *«aller là où les autres ne vont pas»*. Pourtant, Médecins du Monde symbolise bien l'efficacité de l'entrepreneuriat social par son action de 30 ans en faveur de l'accès aux soins pour tous, par sa volonté de protéger les populations les plus vulnérables du monde, affichant très haut ses trois valeurs : humanité, impartialité, indépendance.

Quelle forme juridique donner à une entreprise sociale? Doit-elle être à but lucratif ou à but non lucratif? En fait, la forme légale importe peu. Seul compte l'esprit entrepreneurial conférant au projet un caractère visiblement social, autrement dit la conjonction d'une démarche entrepreneuriale associée à une finalité sociale. L'acquisition de bénéfices est alors seulement un moyen au service d'un projet sociétal. Toutes les associations, ONG ou fondations sont considérées comme des entreprises sociales si elles s'inscrivent dans les lois du marché tout en œuvrant, par leur utilité sociale, pour le bien commun.

La notion d'entrepreneuriat social donne encore lieu à diverses interprétations. Pour davantage de clarté, la définition de l'entrepreneuriat social pourrait utiliser la métaphore de la communication : émetteur, récepteur, message. En effet, pour parler d'entrepreneuriat social, il est possible d'examiner les motivations selon ces trois critères :

– **L'émetteur** : l'origine sociale de l'entrepreneur est prise en compte – celui-ci est issu d'un milieu défavorisé ou en situation d'exclusion. Par ce profil de départ, son état d'esprit ne l'oriente pas prioritairement vers la recherche de profits financiers.

– **Le récepteur** : l'origine sociale de la clientèle cible de l'entreprise peut constituer un autre critère – personnes défavorisées, en situation d'exclusion, de handicap ou personnes âgées.

– **Le contenu du message** : l'activité de l'entreprise peut être un troisième critère par l'ambition de répondre à un problème de société humainement fort – chômage, exclusion, pauvreté, illettrisme, délinquance, violence, santé publique, etc.

L'entrepreneur social contribue au changement, car il crée une rupture en apportant des solutions inédites aux défis de notre époque : innovateur social, il introduit de nouveaux produits, de nouvelles méthodes de production ou de nouveaux marchés. Il recourt souvent à des ressources et à des partenaires spécifiques, tels le bénévolat, les pouvoirs publics, le mécénat, le partenariat public-privé, etc.

> ### À noter
>
> **Les Français ont une image positive de l'entrepreneuriat social[1]**
>
> - 62 % des créateurs d'entreprise seraient prêts à créer une entreprise sociale et ce chiffre atteint même 70 % chez les femmes.
> - 63 % des Français seraient incités à postuler dans une entreprise précisément s'il s'agit d'une entreprise sociale.
> - 79 % font confiance aux entreprises sociales pour faire évoluer la société.
> - 81 % pensent que les entreprises sociales doivent inspirer les autres entreprises.
>
> ---
>
> 1. Source : sondage CSA (janvier 2010).

Des entrepreneurs sociaux emblématiques

L'économiste et entrepreneur bangladeshi Muhammad Yunus, ou le «banquier des pauvres», a créé dans son pays en 1983 la première institution financière accessible aux personnes sans revenus, la Grameen Bank, et leur a donné ainsi accès au financement par l'octroi de microcrédits. Par cette initiative, Muhammad Yunus a favorisé l'émergence de nombreux micro-entrepreneurs dans son pays puis dans d'autres pays en développement. Pour cette innovation d'entrepreneuriat social, il a reçu le prix Nobel de la paix en 2006.

http://www.grameen-info.org/

L'économiste française Maria Nowak a transposé cette idée et installé le micro-crédit en France en créant en 1989 l'Adie (Association pour le droit à l'initiative économique). Cette association propose des financements jusqu'à 10 000 euros à des créateurs d'entreprise dans l'impossibilité d'accéder au crédit bancaire.

Toujours en France, Jean-Marc Borello a fondé le Groupe SOS, qui accompagne les personnes les plus vulnérables. Ses entreprises commerciales sont des entreprises d'insertion, elles embauchent des personnes éloignées du monde de l'emploi dans les secteurs médico-social, de l'éducation, de la santé, du commerce équitable ou du développement durable.

Entreprise d'insertion

Elle met son projet économique au service d'un projet social d'insertion ou de réinsertion par l'emploi.

Pierre Duponchel, lui, a été élu entrepreneur social 2009 en France. En 1985, il a choisi d'abandonner sa carrière d'ingénieur pour développer une activité devant permettre aux jeunes compagnons d'Emmaüs de trouver un travail durable : Le Relais. Cette entreprise, à but solidaire, collecte et valorise principalement des vêtements récupérés soit en ville, dans des bennes dédiées, soit à la campagne lors de tournées de ramassage. Aujourd'hui, elle a évolué en société coopérative de production à ampleur internationale. Le Relais emploie quelque 1 200 salariés et se ramifie en France et hors de France (à Madagascar, au Burkina Faso et au Sénégal).

http://www.lerelais.org/

À noter

Les acteurs institutionnels de l'entrepreneuriat social

- Aux États-Unis : Ashoka (www.ashoka.org) ; The Skoll Foundation (www.skollfoundation.org).
- En Suisse : The Schwab Foundation for Social Entrepreneurship (www.schwabfound.org).
- En France : Avise (www.avise.org) ; Ashoka France (www.ashoka.fr) ; le Mouvement des entrepreneurs sociaux (www.mouves.org) ; le portail de l'entrepreneur social (www.entrepreneur-social.net/).

L'innovation sociale sur tous les fronts

Louisa Djouad, lauréate 2009 du concours Talents des cités, a créé Mobil'Emploi à Roubaix pour faciliter l'accès à l'emploi grâce à une formule de «location automobile solidaire». Il est ainsi possible de louer un véhicule à la journée, à coût réduit, pour se rendre à un entretien d'embauche, à une mission d'intérim ou à un poste en période d'essai. L'entreprise propose aussi la mise à disposition d'une camionnette pour un artisan en début d'activité ou le principe de la «réparation solidaire» pour permettre à des personnes à faibles ressources d'effectuer, à moindres frais, les réparations indispensables à leur véhicule.

Le Réseau Cocagne regroupe, quant à lui, des jardins maraîchers biologiques à vocation d'insertion sociale et professionnelle (www.reseaucocagne.asso.fr). Les jardiniers, des personnes en situation précaire, bénéficient d'un accompagnement professionnel et leurs productions sont revendues en paniers.

Jean-Michel Ricard, cofondateur du groupe SIEL bleu propose des cours de gymnastique adaptés aux personnes âgées, notamment dans les maisons de retraite (www.sielbleu.org).

Pour lutter contre l'exclusion sociale des sourds et malentendants et leur faciliter l'accès à l'information, Websourd développe depuis 2003 un site Internet en langue des signes (www.websourd.org).

Saïd Hammouche, crée Mozaïk RH en 2005 pour lutter contre les discriminations à l'embauche des jeunes des quartiers populaires (www.mozaikrh.com). L'entreprise détecte et sélectionne des candidats issus des minorités et les présente aux entreprises, plaçant par ce moyen plus de 200 jeunes par an.

Comédienne, Caroline Simonds crée Le Rire Médecin en 1991 et introduit des clowns dans les services pédiatriques des hôpitaux.

Maman d'une adolescente handicapée, Muriel Clermidy-Meunier a élaboré Canailles à Roulettes, un site de vente en ligne d'articles spécialement adaptés aux enfants handicapés : pour mieux lire, écrire, jouer, manger ou mettre ses chaussures de façon plus autonome (www.canailles-a-roulettes.com)…

Un entrepreneuriat citoyen

Le commerce équitable

> ### Entreprise citoyenne
>
> Elle agit pour le développement durable, le commerce éthique (ou équitable) et la biodiversité. Elle contribue, par sa politique de prix, à améliorer les relations environnementales et sociétales tout en tenant compte de ses contraintes de coût.

Respectivement économiste, ingénieur agronome et spécialiste de l'agroalimentaire, Stéphane Comar, Christophe Eberhart et Rémi Roux ont adopté le statut de coopérative pour lancer en 2004 les produits Éthiquable. Pionniers sur le marché du commerce équitable, ils font le choix de produits à la fois innovants et issus de l'agriculture paysanne.

Vous pouvez aussi consulter :

- la plate-forme sur le commerce équitable (www.commercequitable.org) ;
- Altereco (www.altereco.com) ;
- Max Havelaar (www.maxhavelaarfrance.org).

La responsabilité sociale

De grandes entreprises s'impliquent également de plus en plus dans des logiques de responsabilité sociale, aujourd'hui véritable enjeu de communication.

La marque Spontex s'associe à la fondation Surfrider pour soutenir des actions liées à la protection de l'eau des océans ou des rivières. L'entreprise de champagnes Louis Roederer soutient les projets de conservation du fonds photographique de la BNF. Danone a créé au Bangladesh la Grameen Danone Food, chargée de distribuer un «alicament», le shokti doï, sorte de yaourt énergétique destiné aux enfants dénutris.

Créé en 1986, le réseau IMS-Entreprendre pour la Cité fédère 200 entreprises. Sa vocation est de les accompagner dans des démarches innovantes d'engagement sociétal (www.imsentreprendre.com).

Les services à la personne

Accompagnant les évolutions de la société – l'évolution démographique et les nouveaux modes de vie –, l'avenir de l'entrepreneuriat se situe sans doute dans le développement des services aux autres, à la famille, des services de la vie quotidienne ou aux personnes dépendantes. Le marché des entreprises de services à la personne croît de 10 % chaque année (15,6 milliards d'euros de chiffre d'affaires en 2008) et, selon le ministère de l'Économie, 6 millions de ménages français seraient aujourd'hui demandeurs de services à la personne.

De plus en plus d'initiatives entrepreneuriales conjuguent ainsi un projet de production de services ou de produits et un projet d'intérêt sociétal. L'orientation entrepreneuriale devient de plus en plus économique et sociale, évoluant d'un entrepreneuriat «pour soi» à un entrepreneuriat «pour nous» et «pour eux». Cette nouvelle façon d'entreprendre suscite un intérêt à la fois de la part de créateurs d'entreprise potentiels et de la part d'autres acteurs économiques, car l'entrepreneuriat social contribue à créer des emplois, à renforcer la cohésion sociale, à préserver l'environnement et, plus globalement, à soutenir le développement local.

La montée de l'e-commerce

Selon la FEVAD[1] (Fédération du e-commerce et de la vente à distance), 82 % de la vente à distance s'effectue aujourd'hui sur Internet. L'e-commerce concerne ainsi plus de 24 millions de Français et plus de 64 000 sites marchands. La constante progression du chiffre d'affaires du marché, tous secteurs confondus (+ 35 % entre 2008 et 2009), constitue un signal fort d'opportunités entrepreneuriales.

Voici ce qu'en dit Marc Schillaci, créateur d'Oxatis, plate-forme de création de boutiques en ligne pour les TPE et PME.

 **interview filmée de Marc Schillaci, Oxatis**

Le commerce en ligne est en train de bouleverser les modes de consommation. Les distributeurs traditionnels et notamment les petits commerçants doivent désormais s'adapter.

---

1. Étude de février 2010 (www.fevad.com).

MODULE 4 — Ouverture sur le monde

Si l'entrepreneuriat est une démarche aujourd'hui mondiale, il s'avère hétérogène quant à ses formes. Le modèle économique d'un pays, son système financier, sa gouvernance, mais aussi son système sociétal (règles de vie, structures familiales, voire place de la religion) orientent son type d'entrepreneuriat. Entre l'entrepreneuriat nord-américain et celui, plus récent, des pays émergents (Brésil, Russie, Inde, Chine), s'affichent des logiques différentes ancrées dans une histoire et un milieu propres à chacun. Les comparer éclaire la multiplicité des chemins pris par l'esprit d'entreprendre. Il faut toutefois se garder de vouloir transposer tel ou tel modèle vers telle ou telle zone géographique, ce peut être risqué.

Les pionniers de l'entrepreneuriat

Nous devons sans aucun doute aux Nord-Américains l'émergence de l'entrepreneuriat (en anglais, entrepreneurship) comme un champ distinct du management ou de la gestion d'entreprise. En émigrant vers ces terres vierges, les Anglais puis, les Irlandais, les Italiens…, avaient tout à reconstruire en fuyant les contraintes religieuses ou économiques de leur pays natal. Entrepreneurs, ils l'étaient par souci vital. Cet esprit-là a perduré chez leurs descendants et forgé culturellement un peuple d'entrepreneurs.

L'entrepreneuriat nord-américain illustre le modèle de Schumpeter[1] reposant sur deux piliers : l'innovation et la prise de risque de l'entrepreneur. C'est un entrepreneuriat libéral, plaçant l'individu et la compétition au cœur du système.

Bien connues de tous, les multinationales américaines comme General Motors, Procter & Gamble, ou IBM sont devenues mythiques tout comme Harley Davidson, United Airlines, la Walt Disney Company, ou encore toutes les entreprises high-tech de la Silicon Valley (Adobe, Apple, eBay, Facebook, Google, Microsoft, Symantec, Yahoo, etc.). Les entrepreneurs à l'origine de ces «monstres» de l'entrepreneuriat ont produit des innovations ayant entraîné des révolutions dans nos modes de vie actuels. Pourtant, aux États-Unis, plus de 99 % des entreprises sont des petites sociétés de moins de 500 personnes. Ce sont elles qui créent près des deux tiers de tous les nouveaux emplois dans le pays… *«Small is beautiful !»*

Le rapport du Global Entrepreneurship Monitor (GEM) 2009 révèle un changement radical de l'entrepreneuriat américain. En effet, la moyenne d'âge des créateurs d'entreprise aux États-Unis était traditionnellement de 18 à 34 ans. Or, les données collectées depuis 2004 dessinent un autre profil : l'entrepreneur américain d'aujourd'hui est un urbain, au revenu moyen, immigré et entre deux âges. Autre caractéristique, 80 % des entrepreneurs des États-Unis trouvent la plupart de leurs financements auprès de leur cercle familial ou amical, et bien moins auprès des banques et autres établissements de prêt.

Cependant, depuis 2006, de manière plus conjoncturelle, la donne change : on note une baisse de l'activité entrepreneuriale aux États-Unis et une plus grande peur de l'échec. En effet, la création de nouvelles entreprises est passée de 8 % en 2005 à 5 % en 2009 (rapport du GEM). En raison de la crise économique, les entrepreneurs nord-américains passent désormais d'un entrepreneuriat fondé sur la détection d'opportunités à un entrepreneuriat de nécessité (il s'agit de générer son propre emploi). Toutefois, situation inchangée, les entreprises s'y créent toujours rapidement et dans la simplicité.

---

1. Économiste autrichien, Joseph Schumpeter est considéré comme un théoricien fondamental du XXe siècle. Le caractère novateur de ses idées repose sur une approche dynamique de l'entrepreneuriat marquée par l'importance de l'innovation, la fonction de l'entrepreneur et sa définition du profit.

L'entrepreneuriat progresse-t-il dans le monde ?

Le rapport annuel du GEM examine l'activité entrepreneuriale d'une cinquantaine de pays dans le monde et notamment le lien entre l'entrepreneuriat et la croissance économique.

La crise économique de 2008 a entraîné une baisse de l'activité entrepreneuriale dans la majorité des pays en 2009. Toutefois, un tiers des pays étudiés par le GEM a vu son activité augmenter. En effet, des entrepreneurs issus de pays plutôt riches se sont créé des opportunités d'affaires, précisément à partir de la récession. Dans la moitié de ces pays-là, le nombre des entrepreneurs par nécessité et des créateurs opportunistes considérant la création d'entreprise comme un bon choix de carrière a augmenté (voir tableau page suivante).

Sans surprise, l'analyse du GEM révèle le taux de création le plus élevé dans les pays émergents et en fort développement.

Dans les pays en économie de transition (Algérie, Arabie Saoudite, Liban, Maroc, etc.), les changements se traduisent par un déplacement de l'activité d'un secteur vers un autre (par exemple du secteur primaire vers le secteur manufacturier). Se développent alors des pôles d'activité industrielle où convergent de nombreux ruraux devenus ouvriers. Toutefois, en raison du nombre restreint d'emplois lié à la nouvelle densité de la population urbaine, nombreux sont ceux qui créent leur propre emploi par nécessité, souvent dans les services.

L'activité entrepreneuriale dans le monde en 2009 (en %)

		Intentions d'entreprendre	L'entrepreneuriat vu comme un bon choix de carrière	Créations de nouvelles entreprises	Entrepreneuriat par nécessité	Cessations d'activité
Pays en économie de transition	Algérie	22	57	16,7	18	7,9
Pays émergents	Brésil	21	81	15,3	39	4,0
	Chine	23	66	18,8	48	6,6
	Russie	2	60	3,9	29	2,2
Pays à économie innovante	Allemagne	5	54	4,1	31	1,8
	Espagne	4	63	5,1	16	2,0
	États-Unis	7	66	8,0	23	3,4
	France	16	65	4,3	14	1,9
	Israël	14	61	6,1	25	4
	Grande-Bretagne	4	48	5,7	16	2,1

Source : Rapport GEM 2009

Dans les **pays émergents** (Argentine, Brésil, Chine, Inde, Russie, etc.), parallèlement au développement du secteur industriel, on assiste à une émergence d'institutions financières afin de favoriser les grandes entreprises nationales ; ceci contribue à la formation d'un capital financier, des niches se créent dans les chaînes logistiques et avec elles des opportunités d'émergence de TPE et de PME dans le secteur manufacturier.

Dans les **pays à fort potentiel d'innovation** (Europe, Corée, États-Unis, Japon, etc.), on assiste à une transformation des activités industrielles vers le secteur tertiaire afin de répondre aux besoins et aux attentes d'une population plus aisée. L'évolution du secteur industriel, l'augmentation de la recherche et développement et l'approfondissement des connaissances favorisent le développement d'un entrepreneuriat innovant, fondé sur la détection d'opportunités. Les institutions financières créées s'adaptent afin de soutenir cet entrepreneuriat innovant.

L'éléphant et le dragon

Depuis plusieurs siècles, la Route de la Soie et les voies maritimes ont fait de l'Inde et de la Chine deux carrefours économiques. Cependant, les économies de ces deux pays entrent seulement depuis peu dans la concurrence mondiale. En étroite relation avec leur taux de croissance, apparaissent actuellement de profonds changements dans les mentalités et, bien sûr, dans les milieux d'affaires par le biais d'investissements étrangers et à l'étranger, du développement de l'industrie (en Chine) et des services (en Inde), de l'émergence d'une société de consommation et de la montée dans les villes de classes moyennes et aisées. En Inde comme en Chine, le niveau de vie accuse certes de fortes disparités régionales, le chômage aussi reste préoccupant, et les innovations demeurent faibles. Pourtant, l'entrepreneuriat s'y développe à grande vitesse, agissant comme un outil puissant de croissance.

Des économistes annoncent en 2050 la Chine numéro un de l'économie mondiale, les États-Unis deuxièmes et l'Inde troisième. Comment s'exprime l'entrepreneuriat dans des pays aussi différents ?

MODULE 5 — L'entrepreneuriat en Chine

Le secteur privé a commencé à se développer en Chine après les années 1980. En particulier à partir de 1984-1985, le renouvellement des équipements vétustes a provoqué la création de nouvelles entreprises dans les villes bien sûr, mais aussi dans les villages. Des entrepreneurs se sont impliqués dans le redressement de secteurs économiques défaillants, créant ainsi des emplois. Aujourd'hui, les PME exercent un rôle important dans l'économie chinoise par leur présence dans des secteurs de plus en plus nombreux : biens de consommation semi-durables, électronique, électroménager, agroalimentaire, métallurgie, services financiers, médias et commerce organisé de détail.

L'entrepreneur désormais réhabilité

Plus présent dans certaines régions comme Chongqing, Guangzhou, et surtout Zhejiang, l'entrepreneuriat y construit peu à peu un mur entre les grandes villes et les campagnes. La Chine compte désormais ses milliardaires en dollars : des entrepreneurs ayant généralement bâti leur fortune dans l'immobilier, ou des créateurs d'usines ou de centres commerciaux. La moitié d'entre eux a moins de 40 ans.

Origines sociales variées

D'origines très différentes, ce sont tant des hommes d'affaires ayant travaillé dans des entreprises étrangères que des fils de paysans ou de jeunes ingénieurs ex-étudiants de la Silicon Valley. Comme en Inde, le groupe familial prime en Chine et à Taïwan. Il s'agit d'un entrepreneuriat communautaire où le lien de confiance est fondamental. Tous ceux avec lesquels l'entrepreneur partage ce lien vont interagir sur l'entreprise comme collaborateurs ou investisseurs : parents, personnes de même origine ou de même religion.

Esprit d'imitation

L'esprit d'entreprendre à la chinoise ne se caractérise pas par l'esprit d'innovation. On rapporte qu'en 1911, déjà, de petits entrepreneurs artisans du Wuxi copiaient des moteurs diesel achetés à Shanghai... L'entrepreneuriat repose donc sur la copie, le *licensing*, voire la contrefaçon, et sur les activités d'assemblage. La Chine s'est en effet peu à peu transformée en un gigantesque atelier d'assemblage, notamment pour le matériel de bureau, l'électronique et l'électroménager. Des pièces détachées à forte valeur ajoutée sont importées des pays industrialisés, puis retransformées et réexportées sous forme de produits finis ou semi-finis.

Entrepreneuriat informel

À côté des nouvelles entreprises privées, demeure en Chine un entrepreneuriat marginal, fondé sur des règles implicites, constitué de très petites entreprises individuelles. Incluses dans l'économie parallèle, celles-ci se situent essentiellement dans le secteur du commerce des produits alimentaires, des textiles, des biens d'équipement ménager et autres produits de consommation.

En pratique

L'esprit d'entreprise chinois en chiffres

- Les entreprises individuelles représentent plus de 10 % de la production industrielle et enregistrent une croissance de plus de 25 % par an.
- 80 % de la main-d'œuvre du secteur industriel travaille dans des entreprises privées.
- 20 entreprises chinoises comptent parmi les 500 plus grandes au monde.
- La Chine est le premier producteur mondial de chaussures, de jouets, de téléviseurs couleurs et de produits blancs (pour la cuisine ou la salle de bains). La Chine est le deuxième producteur mondial de PC ainsi que d'énergie éolienne (derrière les États-Unis et devant l'Allemagne).

MODULE 6 — L'entrepreneuriat en Inde

Depuis le début des années 2000, les nouvelles entreprises se multiplient en Inde. Les secteurs les plus favorables à l'entrepreneuriat sont, notamment depuis 2003, le textile, l'électronique, la pharmacie, les boissons et le tabac, les machines, les métaux et les véhicules. Les entrepreneurs indiens se répartissent en deux grandes catégories :

- les jeunes, partis de rien, se lançant dans les technologies de l'information et de la communication ;
- les chefs d'entreprise aguerris revivifiant d'anciennes entreprises comme Tata, Godrej ou encore Bajaj, Birla ou Mahindra.

Quelques pôles localisés illustrent bien cette émergence de l'entrepreneuriat indien :

- à Moradabad (Uttar Pradesh), présence de nombreuses entreprises artisanales de poteries et d'objets en laiton ;
- dans le Gujrat, entreprises spécialisées dans la taille de diamants importés puis revendus à Anvers ;
- à Bangalore (Karnataka, sud de l'Inde), concentration d'entreprises de services informatiques d'outsourcing, représentant 70 % du marché mondial.

Une véritable culture

L'argent n'y est pas tabou. Selon le professeur indien Anil Gupta, de l'Institut de management d'Ahmedabad, «*tout Indien est un entrepreneur*». En Inde, un business peut commencer à toute petite échelle, parfois en vendant son produit dans la rue. Des entrepreneurs indiens connus ont ainsi démarré très modestement, comme Dhirubai Ambani, vendant aux pèlerins des «bhajias», un plat local, ou comme Brij Mohan Munjal, vendant des pièces détachées de bicyclette. Il est donc possible d'y faire croître une affaire à petite échelle, et ces entrepreneurs de la rue n'y restent pas toujours ! Dhirubai Ambani, Patel Karsanbhai et Brij Mohan Munjal ont bâti de véritables empires. La faiblesse de l'implication de l'État explique sans doute le dynamisme de l'innovation en Inde, car il ne peut contrôler ce sous-continent de 500 000 villages et de plus de 1 milliard d'individus…

Entrepreneuriat familial

Tous les groupes indiens privés sont de véritables conglomérats familiaux appartenant le plus souvent à des castes de marchands aux traditions anciennes. La famille est aussi la cellule qui gouverne l'entreprise, de père en fils, de génération en génération (on parle de «*business houses*»). Les Indiens accordent de ce fait une très grande importance à la succession.

Négociateurs par tradition

Les entrepreneurs indiens appartiennent à des clans ayant commencé dans le négoce ou le courtage ; ils négocient donc par tradition ancestrale.

Entrepreneurs ouverts

Alors qu'en Occident, les entrepreneurs se concentrent sur un marché, un métier, un savoir-faire, les groupes indiens travaillent, eux, avec réactivité sur des secteurs très différents en cas de nouvelle opportunité (Tata, Mahindra & Mahindra, etc.). De plus, issus d'un environnement multiculturel et multi-communautaire, les Indiens ont le réflexe de décrypter l'autre ; ils sont mobiles et voyagent volontiers loin de chez eux pour les affaires.

Lobbyistes nés

Autrefois, les marchands composaient avec les princes pour obtenir protection et avantages divers. Aujourd'hui, le lobbying a pris naturellement la suite de ces habitudes culturelles. Des entrepreneurs indiens se sont ainsi implantés en Asie du Sud-Est.

Entrepreneurs sociaux

L'entrepreneur indien se caractérise par un fort sens de la responsabilité sociale :
il investit naturellement dans des activités éducatives, sanitaires ou sociales
pour garder la légitimité au sein de sa communauté. Avec 30 % de la population au-dessous du seuil de pauvreté, sans salaire minimum, ni Sécurité sociale,
ni retraite, le rôle des entrepreneurs est aussi de s'occuper humainement des
personnes employées.

Le sacré au cœur des affaires

Lakshmi, déesse de la beauté et de la fortune, est vénérée par tout entrepreneur,
quels que soient son corps de métier et sa caste. Lakshmi symbolise l'entrepreneuriat, la réussite et la prospérité.

En pratique

L'esprit d'entreprise indien en chiffres

- Taux de croissance de 6 % entre 2000 et 2010.
- 25 entreprises indiennes sont des multinationales.
- Des entrepreneurs indiens se sont porté acquéreurs de plus de 50 entreprises dans le monde entre 2005 et 2006.
- 390 des 500 sociétés du classement du mensuel américain *Fortune* se sont
  délocalisées en Inde.
- L'Inde est le premier exportateur mondial de logiciels.
- La multinationale Mittal Steel, présente dans 14 pays, est devenue numéro
  un mondial de l'acier en 2005.

FOCUS 2

L'entrepreneur et son projet

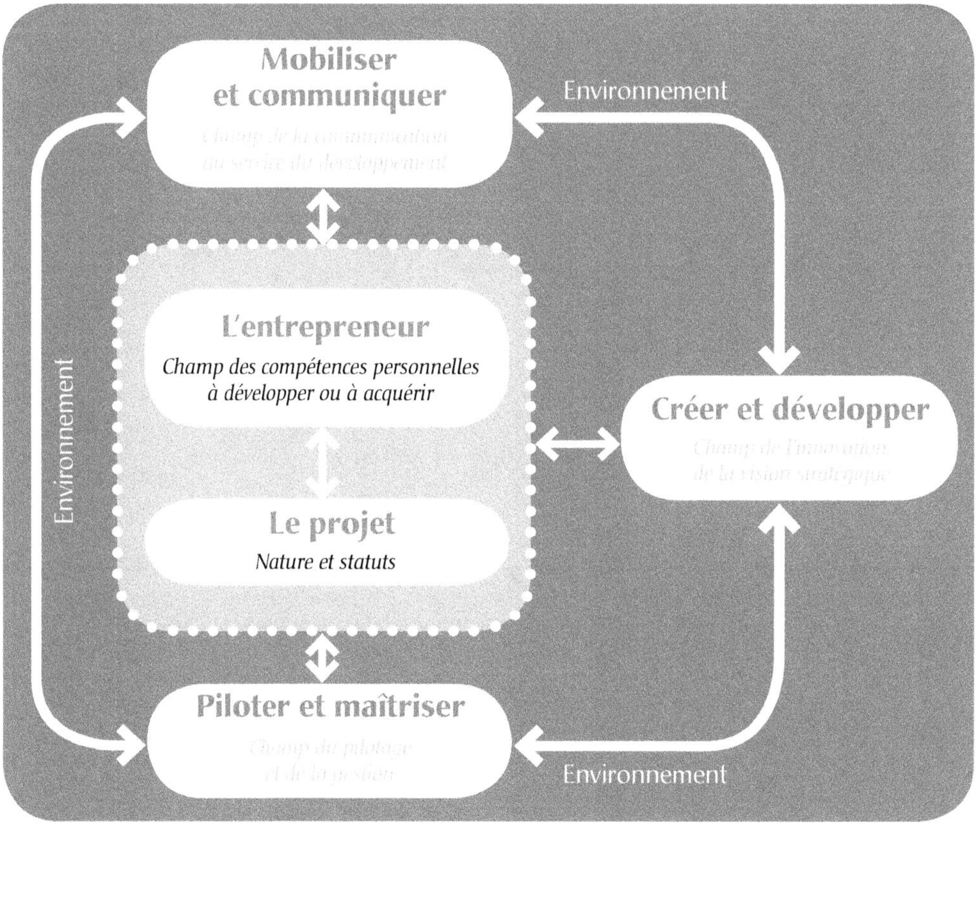

MODULE 7

Flash
Devenir un créateur de valeur

Devenir entrepreneur repose sur un savoir être fondamental, un état d'esprit où se mêlent capacité à se projeter dans un avenir empli d'incertitudes et refus de se contenter du confort des situations établies. Être entrepreneur, c'est aussi savoir tenir la barre en s'appuyant sur ses idées, ses objectifs, voire sur un idéal à atteindre. À côté des statuts de fonctionnaire et de salarié, le statut d'entrepreneur est le plus adapté à la construction du futur.

L'entrepreneur : un créateur de valeur

L'entrepreneur est le chef d'une entreprise, c'est-à-dire l'acteur principal de ce qu'il se propose d'entreprendre. Le résultat de l'acte entrepreneurial est la création de valeur : *valeur d'utilité* par la création d'un produit, d'un service ou d'une organisation répondant à un besoin et/ou *valeur nouvelle* par la mise en œuvre d'une innovation (produit, service, organisation, etc.).

La création de valeur peut s'inscrire dans le secteur marchand (entreprise) ou non marchand (association). Elle prend corps dans une organisation tout à fait nouvelle (création *ex nihilo*) ou dans une organisation déjà existante (reprise d'entreprise, intrapreneuriat, franchise, etc.).

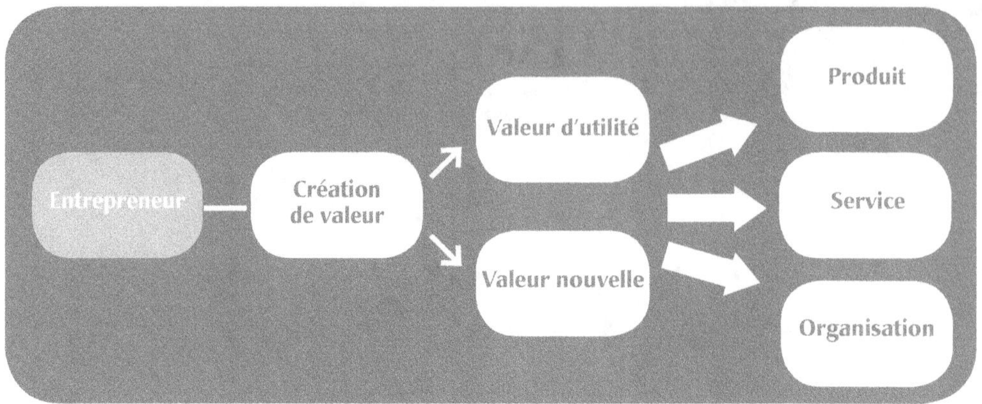

Schéma 4 – L'entrepreneur comme créateur de valeur

Responsable de la destinée de son organisation, l'entrepreneur se doit d'en assumer le développement en mettant en place des processus de travail. Il peut par conséquent dessiner des projets (à partir d'opportunités), se représenter leur réalisation dans le futur (vision entrepreneuriale), et mobiliser les moyens de leur construction.

L'entrepreneur naît de la rencontre adéquate entre un individu (motivation, logique d'action, attitudes, valeurs, compétences) et une situation concrète (environnement, ressources). Vivre jusqu'au bout l'accomplissement d'un projet, avec tous les combats à mener, mais aussi avec les joies à découvrir, transforme humainement l'entrepreneur.

Le savoir être au cœur de la démarche

Qu'est-ce qui a bien pu pousser l'explorateur sud-africain Mike Horn à tenter son aventure : rejoindre le Pôle Nord en plein hiver, dans la nuit absolue, traverser un millier de kilomètres pendant deux mois sans assistance ni ravitaillement, entre banquise et eau glacée ? Comme nul ne pourrait réaliser seul une telle expédition, Mike Horn s'est associé au Norvégien Borge Ousland, spécialiste de la banquise.

À l'origine : d'abord un rêve. Puis une idée. Un projet. Une association. Et l'aventure… Une aventure entrepreneuriale. Dans chaque aventurier, se profile un entrepreneur. Tout entrepreneur révèle une âme d'aventurier. De retour de son expédition surhumaine, Mike Horn écrit[1] : *«Si on me demandait le secret de notre réussite, je répondrais qu'elle tient en trois éléments clés. Un : l'alignement parfait des planètes Nature, Physique, Mental, Timing. […] Deux : une motivation en béton autour d'un même but. Trois : avoir réussi à former une véritable équipe avec deux individualités que rien ne prédestinait à fonctionner ensemble.»*

Un : l'opportunité, cette conjonction favorable de plusieurs facteurs, augure le bon moment pour se lancer.

Deux : la motivation, la détermination, cette force qui permet de surmonter ses propres doutes et ceux des détracteurs.

Trois : la complémentarité dans l'association, quand l'union fait la force.

Voilà réunis les ingrédients essentiels de la réussite d'un projet entrepreneurial, ingrédients où la dimension personnelle joue un rôle aussi important que les aspects économiques.

**interview filmée d'Erick Surcouf,
(groupe Surcouf-recherche de trésors)**

Qu'il crée *ex nihilo*, qu'il entreprenne dans une structure déjà existante ou qu'il reprenne une entreprise, l'entrepreneur doit tout à la fois adopter des attitudes particulières, développer des compétences spécifiques et s'appuyer sur des valeurs entrepreneuriales de nature à permettre la concrétisation de son projet. Ce comportement adapté est la substance de la fibre entrepreneuriale.

---

1 Objectif : *Pôle Nord de nuit*, XO, 2007, page 229.

Ajuster son projet à son rêve

Ce qui caractérise l'entrepreneur est l'intimité du lien avec son projet. Comment orienter le projet parmi les multiples façons d'entreprendre (création, reprise, etc.)? Quelles sont les modalités de statut associées (auto-entreprise, SARL, SAS, association, etc.)?

Le choix de la nature et le statut du projet doivent être pensés en cohérence avec les compétences et les motivations de l'entrepreneur; il ne s'agit pas seulement d'en saisir froidement les avantages et les inconvénients. En effet, certains choix techniques sont plus adaptés à certaines motivations d'entrepreneurs. Trouver la bonne adéquation entre celui qui entreprend et le projet lui-même est donc une question fondamentale au moment de se lancer.

Les questions à se poser alors sont déterminantes : quelle forme d'entrepreneuriat est susceptible de correspondre à mon ambition, à mes motivations, à mes envies? Quelles sont mes compétences en adéquation avec ce projet et ses exigences? Et en toute fin : quel statut juridique est le plus adapté compte tenu de mon projet?

Interview

Alain Bosetti, cofondateur du salon des micro-entreprises (www.salonmicroentreprises.com) et du Salon des services à la personne (http://www.salon-services-personne.com)

– Qu'est-ce qu'être entrepreneur d'après vous ?

Être entrepreneur, c'est véritablement vouloir être aux commandes de sa vie professionnelle. Un nouvel entrepreneur m'a dit un jour : « *J'ai créé ma boîte, car je me connaissais bien, j'avais éprouvé mon expertise dans de multiples situations. J'avais en fait davantage confiance en moi que dans mon patron. Je me suis dit alors qu'il était temps de prendre le volant, car je sais où aller et mieux...* »

– Comment différencier le salarié de l'entrepreneur ?

Certainement par la prise de risques et le niveau de responsabilités. Très souvent par l'implication professionnelle, forcément permanente et totale pour l'entrepreneur.

MODULE 8 — Donner du sens à son entreprise

Les logiques menant à l'entrepreneuriat sont diverses. Chacune est sous-tendue par une motivation principale et par de multiples envies secondaires qui s'entrecroisent. Le désir d'autonomie mêlé à une situation de chômage ou bien, par exemple, l'envie de s'assurer des revenus tout en travaillant dans l'univers de son sport préféré peuvent être l'opportunité du déclic entrepreneurial.

Quel sens donner à son entreprise ?

Un nouveau type de démarche entrepreneuriale a vu le jour ces dernières années avec les «mompreneurs» ou «mamans entrepreneurs» : elles profitent du temps de la grossesse pour réfléchir à une vie professionnelle adaptée à leur future vie de mère ; à la naissance de leur enfant, elles créent leur entreprise, souvent dans un secteur d'activité en lien avec l'enfance, la maternité ou la femme.

www.les-mompreneurs.com

De la motivation à la démarche entrepreneuriale

Motivation	Logique d'action	Démarche entrepreneuriale
Désir d'autonomie	Refuser le salariat, avoir la maîtrise de ses décisions.	Tout type de création ou de reprise d'entreprise : l'autonomie est une motivation fondamentale de l'entrepreneuriat.
Se réaliser personnellement **Assouvir une passion**	Utiliser ses goûts, ses dispositions, des connaissances particulières dans un domaine.	Un fils reprend le vignoble de son père et se lance dans la production de vin bio. Un ancien champion olympique de patinage artistique crée une société de contrôle des équipements sportifs.
Créer son propre emploi	Subvenir à ses propres besoins, s'assurer un revenu suffisant pour vivre.	Un senior sans emploi crée un journal pour les seniors. Deux jeunes d'origine africaine, habitant une cité parisienne, ouvrent un fast-food africain près de chez eux.

Entre déontologie et appât du gain

Si l'entrepreneur a longtemps souffert d'une mauvaise réputation dans notre pays, c'est en partie à cause de l'association spontanée de ce terme avec la notion de recherche de profits. Toute entreprise a de fait un objectif de développement et d'obtention de gains financiers. Or, une activité commerciale ancrée dans un marché n'exclut pas la possibilité d'une finalité autre qu'économique ;

c'est là en l'occurrence toute la force de l'entrepreneuriat social. Il allie en effet démarche entrepreneuriale et démarche sociale.

Cependant, dans tous les cas, prendre la décision de créer une entreprise ou d'en reprendre la direction engage personnellement l'entrepreneur vis-à-vis de toutes les parties prenantes. Sur un plan individuel, l'éthique de l'entrepreneur, ou le désir d'intégrité, le conduira avant chaque prise de décision à rechercher la voie du milieu entre «ce qu'il veut», «ce qu'il peut» et «ce qu'il doit». Pour ce qui concerne son entreprise, la déontologie doit se manifester à tous les niveaux : sur le plan financier (quelle rémunération s'attribuer ; reconnaître le début d'une corruption, etc.), dans la gestion des ressources humaines (réagir à toute discrimination ; respecter la vie privée des collaborateurs, etc.), au niveau commercial (équilibrer les prix, la publicité, etc.), au niveau des produits (veiller à la dangerosité, garantir les méthodes de fabrication, etc.), et dans le respect de la propriété intellectuelle. Comme en toute chose, il est là aussi question d'équilibre.

À noter

Entrepreneuriat business ou entrepreneuriat social ?

On peut choisir de concilier efficacité économique et engagement social. Face à l'entrepreneuriat classique orienté vers la maximisation des profits, l'entrepreneur social s'écarte des schémas établis en créant une organisation soucieuse de répondre à des objectifs sociaux et solidaires : lutte contre l'exclusion, création d'emplois durables et de qualité, valorisation d'un territoire ou d'un environnement, développement du lien social ou d'un juste revenu aux producteurs, etc.

De plus en plus est évoquée l'expression «serial entrepreneurs» pour désigner ces entrepreneurs qui, tels des conquérants, créent ou reprennent des affaires en série dans des secteurs de toute nature. Les uns sont guidés par leur fort esprit entrepreneurial : ils créent, dans chaque nouvelle structure, des valeurs réinvesties par la suite ainsi que des emplois. Les autres ont un cerveau fonctionnant comme une véritable usine à idées : ce sont les entrepreneurs innovateurs. Tous dynamisent l'activité dans une économie de marché. Certains, encore, sont motivés par la seule multiplication de leur mise de départ ; leur comportement entrepreneurial et managérial peut alors s'avérer problématique…

Cependant, en matière d'entrepreneuriat, la réussite ne se mesure pas uniquement au nombre d'exploits. L'engagement dans une entreprise en développement, déployant des innovations et créatrice d'emplois, est aussi le signe d'une aventure entrepreneuriale réussie.

Les motivations les plus diverses...

Babyloan : créé en septembre 2008, Babyloan est le premier site Internet français de microcrédit solidaire. Ses créateurs ont choisi de tisser un lien entre les pays du Nord et ceux du Sud : des micro-entrepreneurs du Sud à la recherche d'une petite somme d'argent pour développer leur activité se font connaître sur le site ; et des internautes désireux de lutter intelligemment contre la pauvreté décident de soutenir financièrement le projet. Quelle est la philosophie de Babyloan ? Tout se passe en ligne, les prêts ne doivent pas dépasser 2 000 euros et 80 % des projets doivent être portés par des femmes. À ce jour, près de 3 000 projets ont été financés ainsi à travers le monde et le tiers est déjà remboursé. Chacun peut suivre les chiffres en direct sur le site. Quand vous lirez ceci, leur nombre aura encore augmenté !

www.babyloan.org/fr/accueil.html

C'Zon : fils d'agriculteurs, Jean-Baptiste Lédé a eu l'idée de commercialiser des sachets de légumes frais, prêts à cuire directement au micro-ondes. Partant du constat que de nos jours, les consommateurs veulent des légumes frais toute l'année, si possible déjà épluchés et emballés, il a inventé le concept C'Zon. Son entreprise, IDS, située dans le Pas-de-Calais, compte une petite dizaine de collaborateurs (www.czon.fr/).

33bis.com : elle s'appelle Cécile Didier et habite Cholet, l'ancienne capitale du mouchoir ; en 2009, elle crée son auto-entreprise, 33bis.com. Son activité s'inscrit dans la tradition textile de la région : elle recycle des chemises d'hommes en vêtements d'enfants. Cécile Didier achète des chemises d'hommes à des associations caritatives, comme Emmaüs, puis les transforme en vêtements pour enfants de 2 à 10 ans (robes, tuniques, blouses, chemises, etc.). Elle achète ses chemises au poids et par centaines. Anciennement à la tête d'un magasin de patchwork ayant déposé le bilan en 2009, c'est ainsi que Cécile Didier a décidé de rebondir.

www.33bis.com/

ByNight Sports : passionnés de badminton, trois étudiants ont créé ByNight Sports, une entreprise déclinant la pratique de tous les sports dans l'obscurité. Le football ou le fitness se font en musique, dans une atmosphère de boîte de nuit. ByNight Sports peut installer son équipement (lumière et son) dans n'importe quel gymnase, et fournit aux clients vêtements et maquillage fluorescents.

www.bynightsport.com/

Marché des seniors : parce que le nombre des personnes de plus de 60 ans va s'accroître de façon importante au cours des 25 prochaines années, un des défis à venir sera notamment de permettre aux seniors de vivre le plus longtemps possible dans un cadre familier, sécuritaire et confortable. De nombreux entrepreneurs ont déjà choisi de miser sur ce marché en créant des boutiques en ligne dédiées aux seniors.

Lutte contre la fracture numérique : des informaticiens géniaux de Floride ont conçu des ordinateurs fonctionnant à l'énergie solaire. Aujourd'hui encore, certaines régions n'ont pas accès à l'électricité dans bien des pays en développement. Le réseau informatique SolarNetOne utilise ainsi des piles photovoltaïques pour l'énergie et des technologies en open source pour l'accès au Web, à partir notamment d'un serveur Linux.

L'entrepreneur est bien un créateur de valeur. Cette valeur prend selon le cas une forme économique ou plus personnelle (épanouissement, indépendance acquise, etc.) ; elle bénéficie à l'entrepreneur lui-même ou aux parties prenantes de son projet (partenaires, collaborateurs, clients).

 interview filmée de Pascale Bernet, Art'ketype

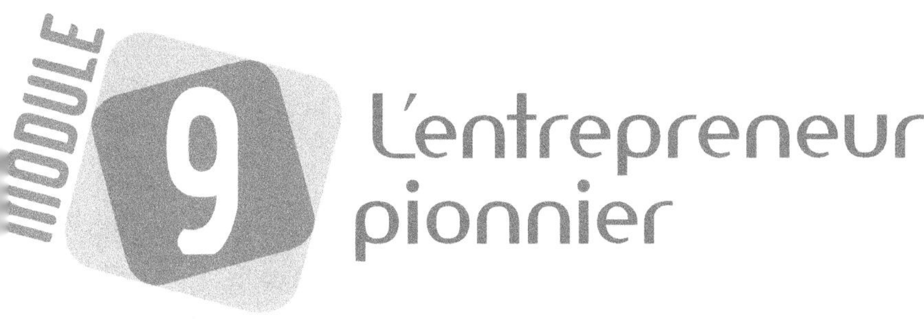 L'entrepreneur pionnier

'entrepreneur est un défricheur, un pionnier, un détecteur d'opportunités : c'est ainsi qu'il crée de la valeur. Participant à l'adéquation de l'homme à son projet, certains savoir-faire entrent en ligne de compte de manière cruciale dans la démarche entrepreneuriale, même s'ils ne sont pas spécifiques au métier d'entrepreneur. Quelques mots-clés en dégagent la teneur d'ensemble.

Vers une posture entrepreneuriale

Savoir-faire	➜ Forces dégagées pour l'entrepreneur
Capacité créative.	Se démarquer des concurrents.
Gestion du risque entrepreneurial. Tolérance à l'ambiguïté. Aptitude managériale.	Savoir conduire, gérer, piloter et animer, en prenant appui notamment sur l'esprit de décision.
Résistance au stress.	Rebondir face à une difficulté en trouvant une solution adaptée.
Capacité à convaincre et à communiquer.	Inspirer confiance aux investisseurs, aux fournisseurs, aux clients par le sérieux, la cohérence des propos, la rigueur, l'inventivité, voire l'enthousiasme émanant de sa personnalité.

Certaines compétences sont le fruit de l'expérience ; elles peuvent toujours être affinées et renforcées ; d'autres s'acquièrent par le biais de la formation.

Créer contre vents et marées

«N'allez pas où le chemin vous mène, allez au contraire là où il n'y a pas de chemin et laissez une piste»… Existe-t-il meilleure devise que celle-ci, proposée par le philosophe américain anticonformiste Ralph Waldo Emerson pour illustrer l'indispensable posture créative de l'entrepreneur ? Entreprendre suppose d'apprendre à sortir du rang, de mettre en avant son indépendance d'esprit, d'imaginer ce qui n'existe pas encore, d'oser proposer la même chose que les autres en innovant à partir d'une vision décalée, enfin d'avoir la force d'imposer ce que d'autres ont rejeté.

Fil rouge

Comment favoriser sa créativité ?

- Développer son sens de l'observation et s'habituer à regarder sous différentes facettes pour décloisonner sa pensée.
- Solliciter sa curiosité naturelle.
- Prendre le temps : les vraies bonnes idées surgissent souvent dans un second temps.
- Ne pas rechercher la perfection, l'erreur étant souvent source de créativité inattendue.
- Laisser parler ses émotions, aptes à favoriser un décentrage.
- Développer une indépendance d'esprit, favorisant les choix courageux.
- Refuser le conventionnel et le conformisme, susceptibles de briser tout élan créateur.
- Fuir les idées préconçues, toujours limitatives.
- Pratiquer l'humour et le jeu pour renforcer la distanciation.
- Ne pas craindre le ridicule : une solution créative passe parfois par des idées absurdes.

Ainsi en France, depuis longtemps, l'image du yaourt était celle d'un produit à la consistance légèrement ferme, surtout jamais liquide. Or, en 1974, Yoplait cherche à se diversifier et à s'éloigner du yaourt traditionnel : l'entreprise lance le yaourt à boire, le fameux Yop. Un yaourt liquide, quelle hérésie ! Le lancement est d'abord un échec. Yoplait persévère cependant… et transforme ce nouveau yaourt en produit phare, en réajustant sa cible. Il choisit en effet de s'adresser aux adolescents plutôt qu'aux enfants. L'idée était là ; la réussite est née de l'adaptation attentive à un créneau du marché (voir aussi au focus 3 le module 16, « Créativité et génération d'idées » et le module 17, « L'opportunité »).

Les bonnes idées – ou les ingrédients pour faire une bonne idée – résident potentiellement en chacun de nous. Un entrepreneur saura les susciter, les laisser s'exprimer, les confronter au marché et les transformer en réalisation(s).

Gérer dans l'incertitude

Associer entrepreneur et goût du risque est une évidence, car la prise de risque est inhérente à l'entrepreneuriat. Le risque majeur de l'entrepreneur est celui de l'échec. Deux angles peuvent le caractériser : pile, je tente, mais mon projet peut échouer ; face, je ne tente pas, mais je peux rater une opportunité. Puisque l'essence même de l'acte entrepreneurial se situe dans la création de valeur, le plus grand risque de l'entrepreneur est de passer à côté d'une opportunité.

Que risque réellement l'entrepreneur ? Beaucoup : ses biens, sa notoriété, son équilibre personnel ou familial… Toutefois, toutes les activités ne présentent pas le même niveau de risque : les études de l'INSEE situent les risques les plus élevés dans les secteurs du commerce et des services. Pourtant, les créateurs privilégient très largement ces secteurs par rapport aux activités industrielles exigeant un investissement de départ supérieur. Or, sur une période de 5 ans, le taux de survie dans le secteur du commerce se limite à 33 %, les entrepreneurs sous-estimant souvent leurs besoins financiers d'exploitation. De plus, chaque entrepreneur a son mode personnel de négociation du risque, celui-ci dépendant étroitement de son histoire personnelle, de sa perception du monde et des enjeux qu'il s'est fixés.

Sans rechercher nécessairement le risque, l'entrepreneur doit développer une aptitude à se diriger dans l'incertitude et acquérir une tolérance à l'ambiguïté. En effet, malgré son *business plan* et ses différents tableaux de bord, tout entrepreneur agit dans un contexte d'incertitude : avenir du marché sur lequel il opère, nouvelles opportunités ou au contraire nouvelles menaces, évolution des rapports de force : rien n'est dessiné à l'avance de façon sûre. L'incertitude est aussi fondamentalement liée à nos propres limites dans l'appréciation des situations complexes et donc dans le traitement des informations de l'environnement. L'entrepreneur est ainsi conduit à s'adapter en permanence, à déployer un sens de l'initiative et de l'improvisation (voir aussi module 10 sur la gestion des émotions). Laurence Moulin, créatrice d'Abonéobio, une entreprise de cosmétiques bio et produits d'entretien écologiques pour la maison (www.aboneobio.com) témoigne : «*La prise de risque est quotidienne. Il n'y a pas de filet. L'entrepreneur est seul pour définir et assumer ses choix. Mon côté féminin apporte de l'intuition et aussi une modération rapportée à la raison, à l'expérience de gestionnaire de "l'entreprise-famille".* »

Résister au stress

Le stress est le compagnon de tout aventurier. C'est une réponse de l'organisme à une sollicitation. Toutefois, selon les situations, il est plus ou moins adapté, plus ou moins contrôlé. La capacité de résistance au stress est liée à l'histoire de chacun et varie ainsi selon chaque individu. Ce qui importe est l'impact du stress sur l'action même de l'entrepreneur. La puissance de travail requise, le poids de l'incertitude, l'instabilité de l'environnement font de l'entrepreneuriat un puissant consommateur d'énergie vitale (voir aussi module 10 sur la gestion des émotions).

L'aventure entrepreneuriale ne se réussit pas sur la durée sans une hygiène de vie : continuer à pratiquer un sport, prendre le temps de sortir, de retrouver ses amis ! Or, le nouvel entrepreneur peut vite se laisser enfermer dans les limites de son entreprise. Il convient de penser aussi à se faire accompagner, *via* un coaching, par exemple, et aussi par le biais des nombreuses structures d'appui : incubateurs, pépinières, clubs d'entrepreneurs, etc. (voir focus 5).

Interview

Erick Surcouf (www.surcouf-erick.com/)
Erick Surcouf est un entrepreneur très actif, fondateur, entre autres, du groupe
Surcouf, spécialisé en recherche d'épaves et de trésors sous-marins.

– Votre nom fait penser à l'aventure plus qu'à l'entreprise !

Un de mes lointains grands-oncles a été, du temps de Napoléon I, le grand corsaire Surcouf. Je ne sais si c'est par tradition familiale, mais, à 20 ans, j'ai immédiatement rejeté les expressions « carrière » ou « avoir une situation ». Je ne voulais pas être poussé par les autres dans un moule qui ne me correspondait pas. J'ai créé, en deux temps, deux entreprises, la première me permettant de vivre et de faire vivre la seconde, plus risquée, plus directement associée à ma passion de la mer.

– Comment est née votre idée d'entreprise ?

Très jeune, avec l'argent de la vente de ma moto, je suis allé vivre 6 mois à Los Angeles contre l'avis de ma famille. Ce fut un grand moment d'ouverture et de foisonnement d'idées. Au retour, je n'ai pas voulu prendre le risque de passer à côté de ma vie, de mes passions. Un jour, j'ai posé très honnêtement deux colonnes sur un papier : dans l'une, j'ai mis « tout ce que j'aimais sur terre » et dans l'autre « toutes les professions qui me plaisaient dans la vie ». Des associations se sont faites entre la photo, le dessin, l'histoire, la mer... Le lendemain, j'ai décidé de fonder une agence de photos/dessins pour la publicité. Je me suis associé à un ami qui avait quelques capitaux pour créer Surcouf Productions SARL ; puis j'ai mené cette entreprise seul. C'est grâce à sa réussite que j'ai pu, quelques années plus tard, créer une entreprise pour partir à la recherche de trésors sous-marins, Groupe Surcouf (archéologie sous-marine internationale). C'est l'idée qui me permet d'associer mon goût de la mer, de la plongée, de l'archéologie et de l'aventure.

– Chercher des trésors...
On peut dire que votre entreprise est peu banale !

Je l'ai créée par passion de la mer et de l'Histoire... J'ai dû énormément me documenter, comprendre les causes des naufrages (erreurs de navigation, conditions météo, batailles navales, mauvais état des navires, abus d'alcool, surcharges, etc.). J'ai aussi choisi une période, car il fallait, pour rechercher des épaves, s'adresser à des historiens spécialisés pour travailler sur les archives. J'ai spécialisé mon entreprise dans la recherche de cargaisons perdues de

Christophe Colomb (xvᵉ siècle) à La Pérouse (xviiiᵉ siècle) sur 6 routes maritimes principales. Ce qui est déjà considérable.

Oui, j'ai découvert ainsi une dizaine de trésors, aux Caraïbes, dans l'Océan indien, en mer de Java… Il a fallu étudier les légendes locales des pays, leur législation, s'équiper, sélectionner les experts, gérer la logistique et les contrats, trouver des capitaux, des partenaires, des sponsors dans les pays, gérer les problèmes administratifs, etc., puis communiquer dans les médias sur les découvertes, assurer la sécurité des trésors découverts et des hommes, puis vendre les objets après estimation de leur valeur, proposer des conférences… Dans mon domaine, la polyvalence nécessaire est extrême. Sur le tas, mon expertise s'est développée par tâtonnements. Je suis devenu peu à peu un spécialiste de certains domaines très pointus. Je passe mon temps à me former dans plusieurs champs à la fois, car les techniques évoluent constamment.

La curiosité, une immense curiosité de connaître ce qu'il y a derrière le miroir… ce désir profond de comprendre. J'aime le côté détective, cette forme de quête lors de la recherche des objets perdus. Toutes ces découvertes alimentent la passion qui permet de foncer. Il faut intégrer en soi l'idée que si l'on tombe, on se relèvera toujours, même si les échecs sont parfois cuisants : tel un projet que j'avais lancé au Mozambique en 1994, où les capitaux investis étaient considérables, le bateau de 47 mètres prêt à lever l'ancre, les 27 personnes de l'expédition recrutées… Mais tout a capoté pour un problème politique. Là, l'accablement est extrême. Il faut ensuite tirer de nouveaux enseignements de son échec. Cependant, l'entrepreneur doit souvent foncer sans se poser trop de questions. Les vrais entrepreneurs ont le désir profond de réaliser en allant toujours de l'avant.

Oui, savoir saisir sa chance. Les dossiers, c'est bien, mais il faut s'ouvrir aux opportunités de la vie, et elles sont multiples. Il faut se donner les moyens de les voir et de les saisir rapidement. Il faut savoir toucher à tout, oser, puis tâtonner, être astucieux, débrouillard… On n'apprend bien qu'en agissant soi-même. Les rencontres sont aussi très importantes. C'est incroyable combien des hasards bien exploités ont pu me faire avancer. La vie est pleine de surprises…

Des attitudes à privilégier

La réalité entrepreneuriale actuelle permet de briser le mythe de l'entrepreneur type, détenteur d'un profil standard. De multiples formes d'entrepreneuriat émergent, parce qu'il existe de multiples entrepreneurs, et c'est heureux. Chaque individu possède ses ressources intérieures : l'enjeu consiste à les utiliser en adéquation avec l'environnement et la situation en présence. Toutefois, un certain nombre de dispositions sont spécifiquement sollicitées au cours de l'aventure entrepreneuriale ; les connaître permet de gagner du temps.

L'intuition et la vision comme projecteur

« Il n'y a pas de vent favorable à celui qui ne sait pas où il va. » (Sénèque)

Avant même de mener des études et analyses approfondies, c'est souvent sur son intuition que s'appuie l'entrepreneur pour imaginer et percevoir. Parfois méprisée ou négligée au profit d'attitudes exclusivement rationnelles, l'intuition va pourtant étayer les prises de décision. Cependant, cette qualité n'opère qu'en terrain connu. L'entrepreneur se doit en effet de connaître son domaine ou son marché pour se laisser guider par son ressenti. Il s'agit là d'intuition raisonnée : une intuition où se mêlent étroitement bon sens et lucidité, étoffée par des connaissances précises. L'intuition est alors l'émanation de la synthèse des connaissances acquises.

Directement corrélée à l'intuition, la vision de l'entrepreneur joue un rôle essentiel comme facteur de réussite du projet. Comme un rêve dynamique, la vision permet à l'entrepreneur de construire du sens ; elle le guide dans l'appréciation des situations et dans les actions à engager. Elle est garante de la cohérence des décisions. Elle apporte aux collaborateurs de l'entreprise un cadre d'action intelligible et mobilisateur avec, pour phare, le futur. La vision parle aux émotions, elle doit faire rêver tous les acteurs du projet…

La ténacité et la confiance en soi comme pilote automatique

Être entrepreneur, c'est prendre l'initiative d'un projet et savoir tenir avec persévérance le cap pour le réaliser. Qu'il en soit au stade de l'idée, de l'évaluation des opportunités, du lancement de l'activité ou en phase de développement, l'entrepreneur doit faire face aux sceptiques, aux détracteurs voire aux envieux, et ne pas renoncer trop hâtivement : «*Ça ne marchera jamais !*», entend-on souvent. Pourtant, combien d'entreprises n'auraient pas survécu si leur créateur n'avait su maintenir sa détermination le temps nécessaire au démarrage concret de l'activité (parfois 4, 5, 6 ans). L'entrepreneur doit donc, peu à peu, acquérir l'endurance d'un coureur de fond.

Cette ténacité prend appui sur une solide confiance en soi. Et pour garder foi en son projet, une démarche efficace consiste à côtoyer des personnes positives, à s'éloigner des propos inhibiteurs, et surtout à ne pas se couper de ses amis, malgré l'engagement dans l'action. L'environnement familial et amical joue en effet un rôle à ne pas négliger : le projet entrepreneurial est un projet de vie à part entière. L'entourage proche doit par conséquent manifester une perception positive de celui-ci. C'est d'ailleurs souvent là le terrain où l'entrepreneur rassemble la force nécessaire pour dépasser un obstacle.

interview filmée de Hapsatou Sy, Ethnicia

10 Rester à l'écoute de ses émotions

Le parcours entrepreneurial est loin d'être un long fleuve tranquille, avec son lot d'imprévus, de changements de cap, de moments d'euphorie et de passages à vide. À l'image du marathonien, qui doit faire preuve d'endurance, l'entrepreneur doit gérer des états émotionnels très contrastés. Il doit être capable d'encaisser certains échecs, d'en faire le deuil, de rebondir. Inversement, il doit aussi relativiser certains succès pour ne pas sombrer dans un excès de confiance qui pourrait l'aveugler et lui faire oublier ou minorer des signaux de difficultés. Régulateur de son propre environnement, il doit savoir parallèlement tempérer les excès émotionnels de ses collaborateurs (conflits, crises, peurs, etc.).

Depuis les célèbres travaux du neurologue Antonio Damasio, chacun est désormais conscient des interactions entre la capacité d'un individu à ressentir ses émotions et sa faculté de raisonnement, à l'origine de ses prises de décision. Le raisonnement est nourri par les émotions ; elles aiguisent la perception et sont essentielles à la créativité. Cette association entre émotion et raison est l'assise du savoir être et du savoir-faire de l'entrepreneur.

Indispensables à un travail efficace de l'esprit, les émotions peuvent aussi altérer de manière préjudiciable la réflexion : l'entrepreneur doit donc être vigilant à leur expression et s'habituer progressivement à les gérer pour les exploiter dans leur dimension positive sans les étouffer.

La peur comme garde-fou

L'une des grandes émotions de l'entrepreneur est sans doute la peur de l'échec, celle qu'il faut braver pour passer à l'acte, puis, continuellement, au cours du développement de l'entreprise, pour oser des décisions audacieuses et pour innover. La peur crée un inconfort, et c'est d'ailleurs là sa fonction !

La peur est en fait un signal bénéfique. Peut-être est-ce le moment de s'interroger : l'objet de ma peur est-il réel ou est-ce mon imagination ? Mon projet n'est-il pas surdimensionné pour moi ? Nul ne peut tout maîtriser : ai-je à mes côtés les appuis adéquats ? Qui peut m'aider à ce stade ? Tout ne peut pas réussir : qu'est-ce qui fonctionne bien ? Quels sont les points avérés de faiblesse à redresser ? N'est-ce pas l'occasion de réfléchir et de prendre du recul ?

Quelques idées peuvent être efficacement appliquées pour dépasser sa peur : rencontrer des entrepreneurs (fréquenter les clubs d'entrepreneurs, les réseaux professionnels, etc.), se faire accompagner, écouter, faire confiance à son intuition et à son bon sens, ramener les enjeux à leur juste échelle et… ne pas oublier que chaque aventure entrepreneuriale est réversible et non vitale.

Le plaisir comme élan créatif

Gagner sa vie en se faisant plaisir : tel est le titre de l'ouvrage[1] dans lequel Laurent Edel et Chine Lanzmann, tous deux entrepreneurs, présentent 200 idées d'entreprises à créer ou de créneaux à lancer. Le plaisir est d'ailleurs l'une des trois fées accompagnant le parcours de tous les entrepreneurs qui réussissent. Les deux autres fées sont l'enthousiasme et la chance.

Des conseils reconnus cherchent si souvent à prévenir le futur entrepreneur de tous les obstacles pouvant nuire à la réalisation de son projet que les belles émotions sont alors vite perdues de vue ! Or, l'entrepreneuriat est un moyen de gagner sa vie en conciliant objectifs professionnels et aspirations personnelles. Se lancer dans l'aventure entrepreneuriale, c'est vouloir aussi se faire plaisir. Le véritable indicateur est le plaisir de la création et des réalisations : il permet d'accepter le risque et les contraintes.

Interview

Elles expriment leurs émotions d'entrepreneurs...
Laurence Moulin, créatrice d'Abonéobio, une entreprise de cosmétiques bio et produits d'entretien écologiques pour la maison (www.aboneobio.com) :

– Pourriez-vous nous confier trois émotions ressenties dans le cadre de votre entreprise ?

De l'impatience quand on est au stade de l'idée et qu'on doit prendre le temps de la maturité du projet. De la frustration quand les projets s'accumulent dans l'esprit, mais que le temps et les moyens manquent pour la mise en œuvre. De la satisfaction quand la reconnaissance arrive, qu'elle vienne par le biais du public, de la presse, de concours ou de partenaires. Une première étape importante a été le soutien de mon premier partenaire, qui a dit ouvertement qu'il croyait en mon projet.

---

1. Jean-Claude Lattès, 2006.

Emmanuelle Poupeau, créatrice d'Aibell Conseils, agence en communication et *fundraising* (www.aibell.fr) :

– Comment définiriez-vous le plaisir d'être un entrepreneur ?

Déjà, le plaisir d'entendre votre question ! Je fais donc partie du groupe des entrepreneurs... Le statut et le « titre » d'entrepreneur ne dépendent pas de notre salaire... mais de nos actions.
Le plaisir d'être dans l'action, parce que je l'ai choisi. Le plaisir de m'épanouir dans un secteur qui m'emballe et qui apporte chaque jour son lot d'expériences, de progression, de rencontres.
Le plaisir d'être autonome (même si nous avons tous des chefs : nos clients !), le plaisir d'organiser ses journées. Le plaisir de s'attribuer chaque succès, chaque avancée, chaque progrès.
Pas pour la gloire, mais parce que c'est vous qui l'avez fait et que vous pouvez visualiser le résultat de chacun de vos efforts.
C'est très gratifiant.

– Et la gestion émotionnelle ?

Ne pas penser à la prise de risque (sinon vous ne ferez rien). Trop de cogitation égale panique. Vous vous êtes lancé, il est trop tard pour reculer, on va jusqu'au bout. Penser positivement, se tourner vers l'avenir !
Enthousiasme, excitation, quand un nouveau contact/prospect se fait. Quand le téléphone sonne pour un nouveau rendez-vous, quand je sors d'une nouvelle rencontre et que j'imagine toutes les « belles » actions (efficaces, utiles, originales, etc.) que je pourrais faire pour cette organisation. Quand ma prestation donne des résultats. Mais aussi ras-le-bol, démotivation, envie de tout lâcher, lorsque l'administration s'en mêle, lorsque les procédures prennent autant de temps que le travail avec les clients. Et du stress positif, le sentiment d'urgence, le vertige face à la tâche à accomplir lorsqu'il faut travailler avec plusieurs clients au même moment ou lorsque j'accepte un nouveau client détenteur d'un énorme projet.

interview filmée de Pascale Bernet, Art'Ketype

11 L'entrepreneur manager

'entrepreneuriat n'est pas réservé à quelques individus pré-formatés pour prendre la tête d'une entreprise : c'est un véritable métier, qui s'apprend. Au-delà du savoir être et de l'expertise technique directement liée au secteur d'activité de son entreprise, l'entrepreneur doit mobiliser des compétences de manager.

Comment détecter des idées nouvelles et saisir les opportunités du marché ? Comment attirer et fidéliser ses clients ? Comment trouver les ressources humaines, techniques et financières nécessaires à l'exploitation du ou des projets ? Comment créer une dynamique au sein des collaborateurs de l'entreprise ? Comment travailler à la fois avec les financeurs, les fournisseurs, les clients et les collaborateurs ?

L'empathie comme chef d'orchestre

La diversité des parties prenantes (investisseurs, banquiers, clients, fournisseurs, associés, collaborateurs, concurrents, entourage personnel) exige de l'entrepreneur une capacité à se glisser dans des rôles différents et à adapter sa présentation du projet aux divers profils d'interlocuteurs. L'empathie constitue, dans ces situations, une qualité essentielle au maintien de l'équilibre entre ses propres besoins et la compréhension des intérêts des autres. Elle permet de ressentir l'environnement, d'apprécier les facteurs de contingence et de discerner rapidement alliés et adversaires potentiels. L'entrepreneur doit donc se comporter en chef d'orchestre, garant de la partition musicale.

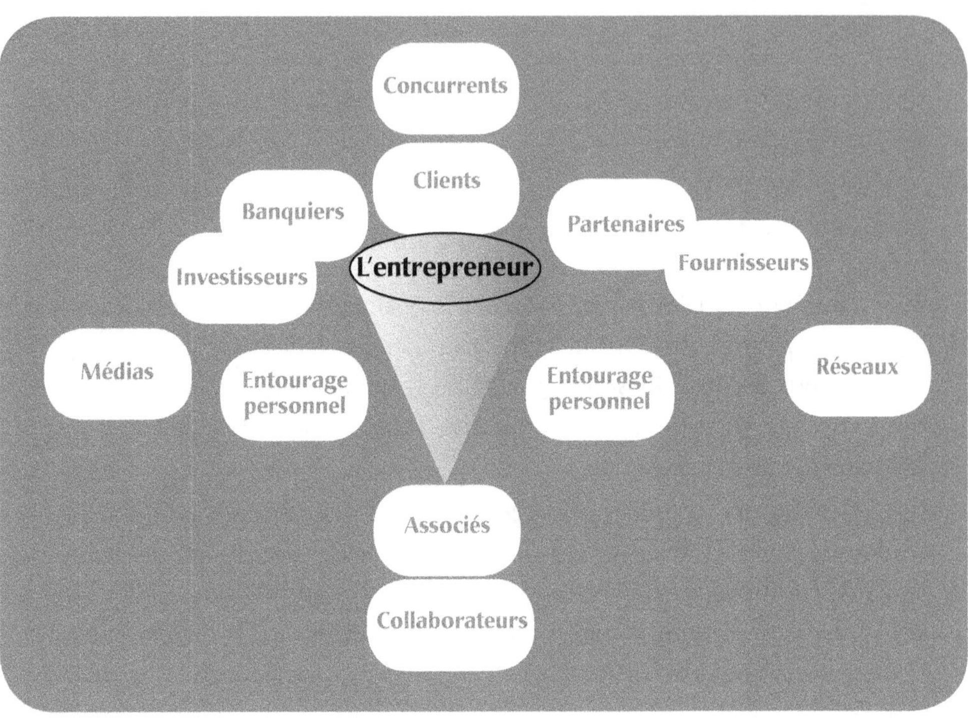

Schéma 5 – L'entrepreneur chef d'orchestre en image

L'une des qualités de l'entrepreneur consiste aussi à savoir s'entourer de personnes plus aptes ou plus compétentes que lui dans tel ou tel domaine, en commençant par les associés, puis les collaborateurs. Le métier d'entrepreneur requiert des compétences diverses et surtout évolutives. Selon le degré d'avancement du projet ou le développement de la petite entreprise, des connaissances différentes sont mobilisées. Opportuniste réactif, l'entrepreneur doit aussi être un manager capable de prendre en charge ou de superviser les activités classiques de gestion de l'entreprise : l'aptitude à piloter l'organisation et à fédérer les équipes prend alors de plus en plus d'importance. Le management détermine la mise en valeur des ressources de l'entreprise.

Concilier esprit de décision et improvisation

Le dilemme de l'entrepreneur est de savoir à la fois prendre des décisions rai-sonnées et improviser : un entrepreneur prend des décisions quotidiennement, souvent dans la solitude. Si certaines ont pu se préparer, d'autres relèvent de son aptitude à improviser.

Décider, c'est traiter de l'information. Comment prendre une bonne décision ?

– Ne pas retenir la première option venue comme la solution, mais envisager le maximum d'alternatives.

– Prendre le temps de reformuler le problème.

– Apprendre à changer de chemin et à renoncer.

– Ne pas décider dans l'impulsion.

– Tenir compte des facteurs non maîtrisables et ne pas surestimer son pouvoir de contrôle (voir aussi le module 10).

À noter

Deux prix Nobel d'économie américains, Herbert Simon en 1978, et Daniel Kahne-man en 2002, ont mis en évidence les limites de la rationalité et les travers à l'œuvre lors d'une prise de décision. On rencontre couramment trois biais chez les entrepreneurs, auxquels il convient de prêter attention :
- surestimation de la confiance malgré des informations encore inconnues ;
- tendance à généraliser à partir d'un fait isolé ;
- inclination vers ses propres préférences lors d'un choix à faire.

Savoir convaincre et communiquer

L'entrepreneur est une courroie de transmission ; il doit pouvoir entraîner les parties prenantes dans son action. Ainsi, pour convaincre un investisseur, l'en-trepreneur doit être convaincu lui-même de la pertinence et de la recevabilité de son idée. Le business plan constitue alors une force rationnelle de conviction. Pour motiver et entraîner ses collaborateurs, le manager entrepreneur doit souhaiter faire partager sa vision. La communication fait par conséquent partie intégrante du management (sur la communication de l'entreprise en externe, se reporter au focus 5).

Quelques savoir-faire déployés sur le terrain

Exemples de situations vécues dans l'entreprise	Savoir-faire mis en œuvre par l'entrepreneur
Détecter et s'approprier des opportunités d'affaires.	Mettre en place un outil de veille au service de la stratégie.
Mettre en place un processus d'innovation.	Coconstruire une stratégie. Mobiliser les ressources.
Faire émerger un projet viable.	Rationaliser une intuition en une idée formalisée et concrétisable.
Trouver les ressources nécessaires à la vie d'un projet.	Manager un projet.
Vendre une idée au client.	Savoir convaincre.
Entraîner les équipes dans l'esprit d'entreprendre à l'occasion du développement d'une nouvelle organisation interne.	Communiquer sa vision. Accompagner le changement.
Recruter et former sa première équipe.	Manager les hommes.

Entreprendre seul ou en équipe ?

Le choix d'entreprendre en solo ou à plusieurs relève de l'ambition et des motivations de l'entrepreneur. Si sa motivation est de créer son propre emploi pour être «son propre chef», le choix d'entreprendre seul s'impose : 61 % des entrepreneurs démarrent leur projet sans associé. Toutefois, si son ambition est plutôt de développer une activité à forte croissance, entreprendre seul peut s'avérer être une erreur. Dans ce cas, le recours à des associés est très probablement nécessaire pour financer l'entreprise ou rechercher des profils complémentaires.

S'entourer

Jusqu'où faire confiance à ceux que l'on connaît ? Souvent, l'idée d'une entreprise germe au sein d'un groupe d'amis, sorte de rêve à haute voix où l'enthousiasme collectif joue son rôle. Chacun a en tête des histoires célèbres : Bill Gates et son camarade d'université, Paul Allen, à l'origine de Microsoft ; Steve Jobs et son ami Steve Wozniak, inventeurs du premier ordinateur destiné au grand public.

La connivence d'une amitié peut bien sûr servir de fondation à une aventure entrepreneuriale, car elle reflète une proximité de vue et une confiance réciproque. Pourtant, le bon ami n'est pas nécessairement celui avec qui constituer le bon tandem. Il en va de même du conjoint, car la qualité des liens affectifs ne présage pas forcément une bonne entente professionnelle. Le professionnalisme a en effet des exigences incontournables de rigueur et de fiabilité, souvent peu compatibles avec les profils recherchés dans un lien strictement affectif.

Le bon associé

… est celui qui représente un réel apport au projet : d'abord, il le comprend et est prêt à s'y investir. Ensuite, il doit être le plus possible complémentaire en raison de sa personnalité et de ses qualités personnelles, de son expertise ou de sa contribution financière. Bien des entreprises font faillite dans les premières années en raison d'une mauvaise association ou d'une répartition des rôles trop opaques entre les associés.

Et... comment préserver son entourage familial ?

La création ou la reprise d'une entreprise, surtout dans les premiers temps, engendre un tel changement dans le cadre de vie qu'il est fondamental, avant de se lancer, d'en anticiper les conséquences sur le plan personnel. Le temps consacré par le nouvel entrepreneur à son activité, l'alternance de moments d'euphorie et d'inquiétude peut en effet mettre en péril la stabilité d'un couple.

Il n'est pas rare que le créateur d'entreprise ne puisse se rémunérer pendant les premiers mois. Après l'abandon d'une situation de salarié, cette perte de revenus réguliers rend indispensable l'adhésion du conjoint au projet.

Piloter et gérer

Le développement de l'entreprise repose sur les choix stratégiques de l'entrepreneur. Celui-ci doit être à même d'élaborer une trajectoire de développement et de croissance (pour comprendre les ressorts de la capacité stratégique, se reporter au focus 3). Dans le même temps, l'entrepreneur doit piloter le projet en alternant les phases de réflexion et d'action par l'évaluation continue de son business plan, la surveillance de ses indicateurs et la mise en œuvre de réajustements (pour observer l'entrepreneur dans sa «salle de contrôle», se reporter au focus 4).

Innover

Il n'est pas de création de valeur nouvelle sans innovation. L'innovation consiste précisément à introduire quelque chose de nouveau ou d'encore inconnu, et si possible d'utile, dans un système établi. L'innovation se place donc au cœur de la démarche de l'entrepreneur.

Tous les projets entrepreneuriaux ne possèdent pas le même potentiel d'innovation. Celle-ci peut être :

- la simple amélioration, adaptation ou réinterprétation judicieuse d'une offre existante ;
- la création *ex nihilo* d'un produit, d'un service ou d'un procédé.

Autrement dit, l'innovation peut se situer dans la continuation d'un existant (innovation dite «incrémentale») ou créer une rupture par sa conception totalement révolutionnaire (innovation dite «radicale»).

Fil rouge

Comment parer aux risques liés à l'innovation d'un produit ?

Veillez notamment à :
- la présentation du produit ;
- sa diffusion ;
- une information suffisante ;
- son utilisation facile/pratique ;
- une esthétique adaptée ;
- l'adéquation du prix de vente ;
- un potentiel d'utilité visiblement supérieur aux produits déjà sur le marché.

Qu'elle soit radicale ou incrémentale, l'innovation peut faire courir des risques à l'entrepreneur du fait de son caractère novateur, voire par la remise en cause qu'elle implique. Il s'agit toujours de parer à la réticence de certains fabricants ou distributeurs, ou aux freins des consommateurs finaux, pas toujours prêts à intégrer un changement dans leurs habitudes.

Les occasions d'innover ne manquent pas

Le *Manuel d'Oslo*, publié par l'OCDE[1], présente l'innovation à travers quatre types :
• produit ;
• procédé ;
• commercialisation ;
• organisation.
Illustrons cette typologie (voir aussi le module 16 sur la créativité et la génération d'idées).

---

1. *Manuel d'Oslo : Principes directeurs pour le recueil et l'interprétation des données sur l'innovation,* 3e éd., 2005.

Objectif →	Illustration →	Concept
Améliorer les fonctionnalités d'un produit et/ou d'un service	Les couches Huggies	Apprentissage de la propreté par les enfants : les jolis dessins ornant la couche disparaissent quand elle est mouillée ; ceci incite les petits à rester au sec !
	La conciergerie d'entreprise	Service à la personne proposé aux salariés sur leur lieu même de travail.
	L'huile Isio Mémo	Intégration d'un oméga 3 d'origine marine (le DHA), complément alimentaire constituant essentiel des neurones et du cerveau.
Améliorer un procédé de fabrication	La nouvelle carte Vitale	Procédé de sécurisation et d'information par l'introduction de la photo de l'assuré et de données personnelles dans la carte à puce.
	La culture hors sol	Procédé de culture où les racines des plantes reposent dans un milieu reconstitué détaché du sol.
Améliorer la méthode de commercialisation	Intel	Action marketing visant à séduire les femmes par la création du premier webzine informatique féminin (www.compagnon-parfait.fr).
	McDonald's	Action marketing consistant à introduire des salades au menu afin de rompre avec l'image nutritionnelle négative du fast-food.
	Les enseignes du luxe français	Image de marque fondée à la fois sur : › la perpétuation du savoir-faire traditionnel d'exception ; › l'innovation ; › le souci du client.
Améliorer l'organisation du travail	Le travail en réseau	Organisation en réseau des relations à l'intérieur et vers l'extérieur de l'entreprise par l'utilisation d'Internet (d'où Intranet et Extranet).
	La qualité totale	Mise en place de processus et de procédures d'évaluation systématique des processus jusqu'à obtention de la meilleure qualité perçue par les clients de l'entreprise.
	Le télétravail	Organisation innovante du travail permettant l'activité hors des locaux de l'entreprise.

L'entreprise comme entité productrice d'idées

Un moyen simple d'augmenter la créativité et la productivité dans son entreprise est d'offrir l'opportunité au personnel de participer à la réflexion sur les innovations potentielles. Pour une TPE, cette démarche d'écoute peut aussi être réalisée à petite échelle en étant attentive aux suggestions de son unique employé. Appelée «innovation participative», cette démarche de management structuré vise à susciter et à faciliter l'émergence, la circulation et la mise en œuvre d'idées issues des collaborateurs.

Bruno de Montalivet, alors président d'Innov'acteurs (association pour le développement de l'innovation participative), révélait lors d'une conférence en 2008 les bénéfices d'une telle démarche pour l'entreprise : *«D'abord la création de la valeur, avec, par exemple, une diminution des délais, l'augmentation de la satisfaction client ; ensuite, l'amélioration des conditions de travail, du niveau de reconnaissance des salariés et donc du climat social ; enfin, le partage de la stratégie globale aux salariés.»* Il a illustré ses propos par l'exemple des hôtels Ibis, où un collaborateur a eu l'idée simple de proposer l'extinction systématique des téléviseurs dans les chambres en l'absence des clients. L'idée, reprise dans toute cette chaîne hôtelière a été à l'origine d'une économie remarquable.

Pour Philippe Silberzahn, professeur chercheur en innovation et entrepreneuriat, les entreprises ne manquent pas d'idées : *«Les équipes en regorgent et en produisent chaque jour, mais elles sont systématiquement étouffées.»* Il s'agirait davantage d'un problème de management : *«Comment traduire la créativité individuelle, qui existe toujours et ne demande qu'à se réveiller, au niveau collectif et surtout par des réalisations concrètes? À cet égard, la boîte à idées est un outil sympathique, mais il est illusoire de penser qu'elle peut résoudre le problème d'innovation de l'entreprise : elle ne travaille que sur le symptôme, pas sur la racine du mal dont souffre le patient. Au mieux elle n'est qu'une composante – je pense mineure – d'un système que l'entreprise doit mettre en place pour mieux innover»*, analyse-t-il.

Interview
Erik Gendre-Ruel, directeur Innovation de Groupama
« Groupama a l'ADN entrepreneur, c'est dans les racines du groupe. Nous cherchons constamment à faciliter et à cultiver l'innovation... »

– L'innovation participative, n'est-ce pas difficile à mettre en place ?

Il faut être courageux. C'est une véritable aventure humaine de management. Actuellement, tout le monde parle de mode collaboratif, mais peu de personnes y parviennent concrètement. Partager n'est pas évident. On se heurte à l'éducation, à la culture... Même si des précurseurs ont montré le chemin, comme Michelin.

– Cependant, il existe des outils pour faciliter le partage...

Oui, l'innovation participative a beaucoup avancé grâce aux NTIC. À Groupama, nous utilisons une plate-forme collaborative, d'ailleurs la même que Michelin (INOVA), où les collaborateurs peuvent déposer leurs idées. L'objectif est de permettre à chacun de jouer un rôle actif.

– Concrètement, comment s'opère le partage d'idées ?

Toute idée déposée, de manière nominative ou non, est partagée et peut être enrichie par tous. Pour que la démarche prenne, il faut créer une animation, par exemple avec des challenges : permanents ou temporaires. Les thématiques de recherche d'idées peuvent être variées, mais sont toujours très concrètes. Un exemple de challenge ponctuel lancé à nos collaborateurs : comment déménager le siège ? ; et, de façon plus permanente : comment réduire nos frais généraux ? Il faut bien sûr un comité de pilotage très investi pour guider l'ensemble et, pour assurer la motivation des collaborateurs, des récompenses, pas forcément financières d'ailleurs. On peut offrir de participer à des rencontres avec des personnalités prestigieuses, inaccessibles habituellement.

– Et cela marche ?

Oui. Après un premier test sur une structure de Groupama depuis 2009, nous envisageons maintenant l'extension à l'ensemble du groupe, soit 40 000 personnes !

– Qu'avez-vous collecté comme bonnes idées ?

On nous a demandé d'installer des défibrillateurs dans l'entreprise : nous les avons mis en place. Beaucoup aspirent à plus de convivialité dans les bureaux : nous avons donc créé des expositions tournantes d'artistes. Malheureusement, il y a aussi les bonnes idées que nous ne pouvons retenir : une filiale nous avait demandé l'ouverture d'une garderie. Excellente idée, mais il n'y avait pas suffisamment de salariés dans cette structure ! Nous avons cependant retenu cette idée pour qu'elle serve au personnel d'au moins deux filiales. Aujourd'hui, c'est chose faite !

– Quel est l'apport de l'innovation participative à Groupama ?

Outre les idées nouvelles, c'est un véritable cockpit de pilotage ! Les retours permettent à l'encadrement de collecter des données pour le management des équipes. Ce qui est très intéressant, c'est l'aspect baromètre de cette démarche, car le bien-être ou le mal-être des salariés de l'entreprise ressort ainsi naturellement. Si tout se passe normalement, les revendications sont très rares...

– Des conseils ?

Même avec un outil informatique de qualité, la démarche est capitale : une mauvaise préparation du lancement, un encadrement mal informé, une direction peu investie et... tout peut capoter ! Les « innovacteurs », ceux qui animent l'innovation, jouent donc un rôle fondamental : l'impact de l'humain s'avère considérable. Pour guider la démarche, il faut aussi mettre en place des cercles scientifiques chargés d'étudier les idées et la faisabilité. Il faut surtout toujours donner une suite aux idées proposées : argumenter les raisons qui ne leur permettent pas de fonctionner dans ce contexte précis. Le porteur d'idée ne doit jamais ressentir d'indifférence, encore moins subir une sanction ou se sentir méprisé quand l'idée n'est pas retenue. Sinon, c'est l'échec. Au regard des paramètres à mettre en place, il est donc habile de commencer à petite échelle, de cultiver son « petit potager » pour bien l'observer avant de passer à la culture intensive sur plusieurs hectares.

interview filmée d'Erik Gendre-Ruel, Groupama

Si l'innovation apparaît comme une source essentielle de création de valeur, on peut aussi entreprendre en imitant simplement ce qui marche ! L'imitation est peut-être même à l'origine de l'entrepreneuriat. Elle se fonde sur un principe en deux temps : l'observation de ce qui réussit et la tentative de reproduction. Très courant en Afrique sous forme d'activités informelles, cet entrepreneuriat, encore de mise en Chine et en Inde, n'est pas à mépriser. Bien des micro-entrepreneurs se lancent ainsi. On retrouve d'ailleurs une part de cet esprit d'imitation dans la forme d'entrepreneuriat qu'est la franchise, très répandue en France.

 **interview filmée d'Erik Gendre-Ruel, Groupama**

MODULE 13 — Partir d'une entreprise existante...

La création *ex nihilo* peut donner l'impression de se jeter dans le vide. Cependant, il existe d'autres formes d'entrepreneuriat, plus rassurantes pour certains, consistant à prendre appui sur une entreprise ou un réseau d'entreprises existant : ce sont la franchise, la reprise d'entreprise et l'intrapreneuriat.

Entreprendre en franchise

> **Franchise**
>
> Contrat de distribution associant une entreprise, propriétaire d'une marque ou d'une enseigne, le franchiseur, à un ou plusieurs commerçants indépendants, les franchisés.

Dans un contrat de franchise, le franchiseur met à la disposition du franchisé sa marque et/ou son enseigne, ses produits, son savoir-faire et une assistance technique, en contrepartie d'une rémunération directe ou indirecte. Toutefois, la franchise n'est pas définie par un statut juridique particulier : il s'agit bien d'une relation contractuelle, qui, pour fonctionner normalement, doit comporter un certain nombre d'obligations.

Voici 8 raisons de choisir d'être franchisé :

- mise à disposition d'un *business model* déjà rodé ;
- notoriété d'une marque ;
- formation dispensée par le franchiseur ;
- indépendance juridique et financière ;
- assistance commerciale ou technique du franchiseur ;
- appartenance à un réseau d'entreprises ;
- obtention de facilités de paiement ;
- appui sur un système de normes et de procédures pour démarrer plus vite.

Avant de s'engager, il faut également être bien au clair sur les points suivants :

- une possible surestimation de la notoriété de la franchise choisie (importance de bien étudier cet aspect) ;
- l'aspect parfois trop succinct (ou inadapté à la zone géographique du franchisé) de l'étude de marché présentée par le franchiseur ;
- la nécessaire personnalisation par le franchisé de la présentation du bilan et du compte de résultat prévisionnel types proposés par le franchiseur ;
- l'importance financière des droits d'entrée (de 3 à 10 %) dans le cas de certaines franchises ;
- l'indispensable investissement initial pour la publicité de lancement à la charge du franchisé ;
- l'obligation de respecter les normes et les procédures propres à la franchise choisie pouvant être vécue comme une perte de liberté de manœuvre.

Interview

Jean-Claude Puerto, P-DG d'UCAR, franchise de location de véhicules low-cost

— Que répondez-vous à ceux qui affirment que la franchise n'est pas de l'entrepreneuriat ?

En tant que franchiseur, il existe trois domaines où l'on doit se comporter en entrepreneur : sur le plan de l'engagement, d'abord, et sur les plans psychologique et financier. J'ai créé la société ADA en 1987. Elle a été introduite en Bourse en 1994. Puis j'ai créé UCAR. J'ai donc deux moteurs : une vision, celle d'une société sans propriété automobile, et un objectif, réussir !

> En tant que franchiseur, je suis dans la création, je construis une vision. Quant aux franchisés, ils prennent des risques, ce sont des entrepreneurs. Et puis, il n'y a pas de petits entrepreneurs ; il y a ceux qui entreprennent et ceux qui n'entreprennent pas ; cependant, on malaxe une matière plus ou moins importante. Chez UCAR, on compte une centaine d'entrepreneurs...

– Pourquoi opter pour la franchise ?

> Mieux vaut partager l'énergie vitale nécessaire pour créer des bouleversements. Dans notre secteur d'activité, se dressent des barrières à l'entrée pour disposer d'un volume important de véhicules.

– Comment choisissez-vous vos franchisés ?

> Dans notre cas, il faut disposer d'un capital de départ de 100 000 euros, d'un esprit commercial ou de l'« empathie du commerçant », d'une capacité à porter le projet sur ses épaules et posséder un bon niveau de formation.

– On a parfois peur de la franchise...

> La franchise est adaptée à un certain type de produits et aux services à la personne. Il y a un microclimat favorable à la franchise. Ceci dit, l'entrepreneuriat n'a jamais été aussi difficile qu'aujourd'hui ; on a un besoin urgent d'entrepreneurs. Il faut protéger l'entrepreneur.

Votre futur franchiseur vient peut-être d'ailleurs...

Ainsi, devenue franchise en 1992, l'enseigne Petit Patapon (vêtements pour enfants de 0 à 14 ans) est née au Portugal. Pour sa part, Cartridge World (recyclage de cartouches pour imprimantes), qui compte près de 140 points de vente en France, vient d'Australie. Enfin, les 7 restaurants à tapas Lizarran implantés en France sont une franchise espagnole.

Des opportunités sont ainsi à saisir du côté d'enseignes de franchise étrangères souhaitant élargir leur réseau sur de nouveaux marchés. On opte alors pour la formule dite «Master franchise». La franchise coréenne Genesis BBQ Chicken (fast-food spécialisé dans le poulet), lancée en 1995 et implantée dans 55 pays, souhaite venir en France et recherche ainsi un master franchisé.

De même, le concept design de bar/brasserie/café C House Coffee Shop, venu d'Italie (15 bars en Italie et un en Grèce), recherche plusieurs master-franchisés pour couvrir le territoire français. Quant à Color Glo, une franchise américaine de réparation et de restauration de tissus, développée en Italie, Irlande, Espagne et aux Pays-Bas, cherche des franchisés en France.

À l'inverse, il est possible d'exporter un concept français en tant que franchisé : Mikit, le constructeur de maisons traditionnelles en kit, en franchise depuis 1983, s'est installé aux États-Unis, en Suisse et au Maroc depuis 2004 et continue son implantation dans d'autres pays.

Pour s'informer sur la franchise :

• l'Observatoire de la franchise ;

 www.observatoiredelafranchise.fr

• la Fédération française de la franchise.

 www.franchise-fff.com

	Nombre de franchiseurs	Nombre de franchisés
1995	470	25 750
2005	929	39 510
2009	1 369	51 619

Source : Fédération française de la franchise

Reprendre une entreprise

Comme la franchise, la reprise d'entreprise est une forme de création à partir d'un ensemble d'actifs issus d'une entreprise existante[1]. Si le procédé technique de la reprise est connu, son processus humain reste tout à fait aléatoire. Reprendre une entreprise est de fait une opération complexe, car elle met en présence trois personnes avec des identités et des profils différents : le vendeur, l'acheteur, l'entreprise (et ses salariés).

Reprise d'entreprise

On parle de reprise d'entreprise quand une unité légale reprend totalement ou partiellement l'activité d'un ou de plusieurs établissements économiques d'une autre unité légale (source : INSEE).

Depuis une dizaine d'années, environ 40 000 entreprises sont reprises chaque année en France selon l'INSEE. Ce chiffre devrait toutefois augmenter d'ici à 2020, en raison du départ en retraite des «papy-boomeurs».

Les statistiques sur la pérennité des entreprises créées ou transmises mettent en valeur un élément tout à fait positif : les reprises résistent mieux que les créations. Pourquoi ?

---

1. Il est question ici de la reprise d'entreprise par des particuliers. Le rachat d'entreprise par une personne morale ou une autre entreprise relève, quant à lui, d'une opération financière liée à la sortie de l'investissement en capital.

– L'entrepreneur peut s'appuyer sur un patrimoine existant (technique, économique, commercial ou financier), parfois solidifié depuis plusieurs générations.
– Le sang neuf apporté lors de la transmission favorise la créativité et les changements.

Deux faces d'une même pièce : reprise et transmission

La reprise d'une entreprise est une opération transitive. Elle implique à la fois le rachat par un tiers d'une activité dont il devient le nouveau propriétaire-dirigeant et la cession par l'actuel propriétaire-dirigeant d'une activité dont il se sépare. Pour le cédant, il s'agit de vendre l'entreprise à un prix acceptable, mais aussi de passer le relais de la direction de son entreprise. Pour le repreneur, l'enjeu consiste à la fois à acquérir l'entreprise à un prix raisonnable et à prendre la direction de l'entreprise dans les meilleures conditions. Parmi les ressources en jeu se trouvent bien sûr la clientèle fidèle, les salariés et les fournisseurs.

Dans tous les cas, l'entrepreneur candidat à la reprise gagne à s'entourer d'un conseiller expérimenté ; une expertise en droit, finance ou encore fiscalité l'accompagne ainsi dans ses prises de décisions.

Pour s'informer sur la reprise d'entreprise :

* création, transmission, reprise (Chambres de commerce et d'industrie)

 **www.entreprendre-en-france.fr**

* réseau francilien sur la transmission d'entreprise

 **www.passerlerelais.fr**

Interview
Laurent Berlie, Laboratoires EONA (www.eona-lab.com)

– Vous étiez initialement salarié ?

Oui, à ma sortie d'HEC, j'ai travaillé à l'export pour Yves Rocher, où j'ai été responsable de la zone Russie. Puis je suis entré dans l'industrie pharmaceutique chez Sanofi. J'y ai développé, notamment, à l'international, des produits délivrés sans ordonnance. Je me suis ainsi forgé une solide expérience du domaine commercial. Cependant, j'ai eu très vite envie de reprendre ou de créer ; en fait, je ne fais pas réellement la distinction entre les deux. Pour moi c'est la même volonté d'entreprendre.

– Pourquoi avoir opté pour la reprise d'une entreprise ?

Statistiquement, c'est plus sûr qu'une création. Avant de quitter Sanofi fin 2002, j'avais suivi deux très bons stages de formation à la reprise pour me préparer (CRA)[2]. J'avais aussi créé en parallèle

---

2. Association nationale pour la Transmission d'Entreprise (www.cra.asso.fr).

une petite entreprise de compléments alimentaires. Puis j'ai décidé de placer la barre plus haut et de reprendre une entreprise de produits à base d'huiles essentielles. Après l'étude de nombreux dossiers et une négociation de deux ans pour ramener le prix à sa juste valeur, j'ai fait mon choix en 2003 et repris cette société en raison de son chiffre d'affaires, de son activité et de son fichier de 10 000 noms !

Si cette société présentait beaucoup d'atouts, dans un secteur que je connaissais bien, c'était une « belle endormie » ! Il a fallu la dynamiser. Lors de la reprise, il y avait 6 salariés et le chiffre d'affaires s'élevait à 1 million d'euros. En 2010, elle compte 12 salariés pour un chiffre d'affaires doublé. Mais que d'efforts personnels pour en arriver là et passer de la dimension TPE à celle de PME !

J'ai été bien accueilli, car j'apportais un changement de génération, du mouvement, un projet... Toutefois, j'ai alors vécu les aléas d'une petite équipe : une personne est absente un matin et tout est désorganisé. Il faut que le patron remplace, touche à tout. J'ai fait des erreurs et appris beaucoup sur le tas, du fait de cette nécessaire polyvalence : ma formation ne m'y avait pas vraiment préparé. Aujourd'hui, nous vivons un nouveau cap. Le passage à 12 salariés est une situation plus confortable, plus facile, car désormais, je vais enfin pouvoir m'appuyer sur un encadrement, moins m'éparpiller, et mes décisions ne seront pas prises dans la solitude. Le projet entrepreneurial n'est pas un long fleuve tranquille !

Dans le cas d'une reprise, l'avantage de départ est quand même la légitimité : on est avant tout le nouveau patron. Les 100 premiers jours sont toutefois décisifs, car c'est le moment clé pour s'imposer. Il est important, surtout, d'être modeste, de savoir voir, d'écouter les salariés en place, car il faut « apprendre » de cette nouvelle entreprise, savoir identifier ce qui fonctionne bien, s'appuyer sur les bonnes pratiques, sans vouloir systématiquement tout changer. La difficulté, c'est quand même de modifier des habitudes quand c'est nécessaire. Dans mon cas, par ma formation, il s'agissait d'apporter, en plus, une vision pour prospecter, remonter en gamme les produits.

> – Comment expliquez-vous votre volonté d'entreprendre ?
>
> Par mon tempérament très autonome, le fait de supporter difficilement l'autorité hiérarchique, une bonne persévérance. De plus, je suis issu d'une famille du Nord, où un de mes grands-parents a autrefois rencontré un échec en créant une entreprise de textile : j'ai eu peut-être envie, plus profondément, de reprendre le flambeau de l'esprit d'entreprendre et, cette fois, de réussir.

Entreprendre dans l'entreprise

Intrapreneuriat

Façon, pour un collaborateur ou un groupe de collaborateurs, de se comporter en entrepreneurs au sein même de leur entreprise, dans l'objectif de développer de nouvelles activités ou de nouveaux produits.

L'intrapreneuriat se manifeste à l'intérieur d'une entreprise existante : il conduit soit à des orientations innovatrices, soit à des activités nouvelles, soit encore à de nouvelles entreprises. Le résultat d'un processus intrapreneurial réussi se traduit par exemple par le développement de nouveaux produits, services, techniques administratives ou technologies, ou encore par de nouvelles stratégies concurrentielles.

Caractéristique de la démarche intrapreneuriale : elle se fonde sur l'association entre un individu et une organisation. En effet, l'intrapreneur gère son projet en autonomie, s'engage personnellement et contrôle ses ressources, comme s'il s'agissait de sa propre affaire, tout en restant salarié de son entreprise. L'intrapreneur est en fait un salarié, détenteur d'un projet viable intéressant pour l'entreprise, qu'il va réaliser en son sein avec l'accord de celle-ci. L'entreprise va en tirer bénéfice, car l'ambition de l'intrapreneur est de transformer son idée en une activité rentable. Par conséquent, l'entrepreneur et l'intrapreneur ont en commun l'état d'esprit et la dynamique d'action.

Cette transposition de la démarche entrepreneuriale par un ou plusieurs employés s'observe le plus souvent au sein de grandes entreprises. Certaines ont ainsi mis en place des dispositifs destinés à éveiller et à faciliter l'esprit entrepreneurial des collaborateurs. Parmi elles, l'exemple le plus célèbre est celui de 3M, choisissant de libérer 15 % du temps de travail de ses employés pour réfléchir à de nouvelles idées. Les meilleures idées peuvent alors se transformer en projets intrapreneuriaux avec un détachement du collaborateur à plein-temps. C'est dans ce contexte qu'a été inventé le fameux Post-it ! Une démarche similaire a été adoptée chez Eastman Kodak, Xerox Corporation, Siemens, Schneider, Lucent Technologie et d'autres encore.

La philosophie de la dynamique intrapreneuriale organisée dans ces entreprises transparaît dans les noms donnés à leur direction : on parle de «Leading Intrapreneurial Change» chez Plastic Omnium, et d'«Intrapreneurship Talent Program» chez France Telecom.

> ### En pratique
>
> **Comment Google a fait de ses collaborateurs de véritables intrapreneurs**
>
> Une large place y est donnée à l'imagination et à la créativité. Ainsi, les collaborateurs peuvent consacrer 20 % de leur temps de travail à des activités de leur choix. Et l'entreprise n'y perd pas, car c'est ainsi que les ingénieurs développent de nouvelles applications : le Google Suggest. Yoelle Maarek, aujourd'hui chez Yahoo! Labs, a ainsi créé une innovation de taille dans le système de requête du moteur de recherche alors qu'elle était directrice d'un centre de recherche et développement de Google : quand un internaute tape un mot dans un moteur de recherche, d'autres mots lui sont immédiatement proposés en association. Cet outil, économisant les frappes, se révèle particulièrement pratique sur un téléphone portable. Google constitue ainsi un bel exemple d'entreprise stimulant l'intrapreneuriat.

L'intrapreneuriat peut par conséquent être observé sous deux angles. Du point de vue du chef d'entreprise, c'est un outil de management permettant un mode de diversification par le développement interne.
Du point de vue de l'intrapreneur, c'est un nouveau mode de travail dans l'entreprise par la mise en œuvre d'une innovation ou de nouvelles activités dans l'organisation, mais en parfaite autonomie.

 **interview filmée de Laurent Berlie, Laboratoires Eona**

Le statut d'entreprise en questions

a diversité des statuts juridiques pour la création d'entreprise peut troubler l'entrepreneur au moment de son choix. Toutefois, compte tenu de chaque situation liée à l'entrepreneur et à son projet, seules quelques possibilités de statut s'offrent alors à lui après analyse. Ainsi, un créateur ayant besoin de nombreux investissements ne choisira pas le statut de l'auto-entreprise, car il est vital pour lui de récupérer la TVA, ce qui est impossible dans le cadre de ce statut. En revanche, un salarié ou un retraité voulant facturer quelques prestations à l'année aura tout intérêt à choisir le statut d'auto-entrepreneur pour des raisons de facilités administratives et dans de nombreux cas d'allégement des charges sociales et fiscales. Il s'agit donc de choisir le bon statut en amont afin d'optimiser au mieux les questions fiscales et sociales.

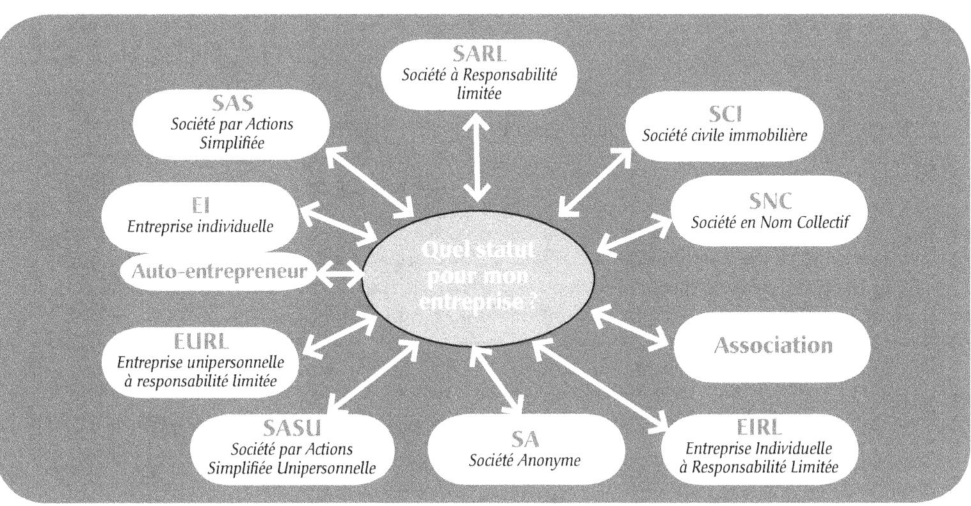

Schéma 6 – Un foisonnement de statuts : le parcours du combattant

Les questions à clarifier avant d'envisager le choix d'un statut

Au milieu de tous ces statuts, comment choisir?

Types de points clés à clarifier avant tout choix →	Pistes de réponses
J'ai un bien à protéger.	Dans la plupart des statuts, la responsabilité est limitée aux apports effectués. À partir du 1er janvier 2011 pour l'EIRL, les biens immobiliers du créateur pourront être déclarés insaisissables chez le notaire. Toutefois, lors d'un recours à un emprunt bancaire, le banquier demande souvent un bien en garantie.
Je veux créer seul(e).	Les qualités des statuts de l'EI, de l'EIRL, de l'EURL ou encore de la SASU sont à comparer car adaptés à ce type de situation.
Je crée une entreprise présentant un risque financier en raison de nombreux frais fixes (location, frais de personnel, etc.).	Dans ce cas, il est impératif de choisir une structure où les dettes de la société sont limitées aux montants des apports initiaux. La SASU, la SAS, la SA, la SARL et l'EURL peuvent être alors envisagées efficacement.
Je crée une activité commerciale nécessitant l'achat d'un bien immobilier.	La SCI convient ici parfaitement. L'entrepreneur isolera ainsi les locaux en cas de liquidation judiciaire de la société commerciale.
Je veux obtenir des subventions ou des aides de ma commune dans un domaine social ou culturel.	L'association loi de 1901, par son aspect non lucratif, donne confiance aux communes ou au monde institutionnel.
Je me suis associé(e) avec des personnes pour leurs qualités professionnelles spécifiques (grand cuisinier, artiste, etc.).	La SNC correspond parfaitement à ce cas. Les associés sont responsables indéfiniment et solidairement des dettes sociales, ce qui les incite à une gestion saine et cohérente.

Il est donc évident, au regard de ces différents cas, que le statut choisi lors d'une création d'entreprise ne s'impose pas naturellement sans une analyse de ses avantages et inconvénients croisés. Ainsi, de nombreux critères entrent en ligne de compte, allant du type d'activité créée jusqu'au type de régime matrimonial en observant même, pour les seniors, le critère du nombre d'années déjà enregistrées de cotisations à des organismes de retraite, facteur *a contrario* non prépondérant pour des juniors en début de carrière.

Un statut répond cependant difficilement à l'ensemble des critères recherchés par chaque créateur. C'est la raison pour laquelle il faut, lors de la réflexion sur le statut, se fixer des priorités. Tous les sites Internet liés à la création d'entreprise listent les différents statuts de société. Il est donc facile d'y avoir accès pour connaître les informations de base comme le capital minimum, le nombre d'associés, l'organisation juridique de la société, etc. (www.apce.com et www.le-rsi.fr). Afin d'être au plus près des interrogations des créateurs, nous avons choisi de présenter ce module en envisageant les questions les plus récurrentes émises par les créateurs d'entreprise. Les deux champs de questionnement les plus couramment soulevés sont le volet social et le volet fiscal.

Pour affiner la démarche et pour effectuer le choix définitif, il ne faut pas oublier les nombreux professionnels à la disposition des entrepreneurs, comme les experts-comptables. De plus, des salons professionnels permettent l'accès à des informations précises et fiables, compte tenu des situations particulières : salon de la microentreprise, salon des services à la personne, salon de la franchise ou salon des entrepreneurs. Ils favorisent la rencontre avec ces professionnels (avocats spécialisés dans le droit des sociétés, experts-comptables, etc.), et présentent des témoignages de nombreux créateurs. Dans ce contexte, il sera donc toujours possible d'échanger autour d'expériences de création et de difficultés surmontées (voir le module 45).

www.le-rsi.fr

Protection sociale : salarié ou non-salarié ?

Les charges sociales amputent lourdement la trésorerie des entrepreneurs. C'est pourquoi il est important de connaître les deux régimes sociaux pouvant s'appliquer à un créateur :

- le régime des salariés pour les gérants minoritaires des SARL, les dirigeants de SAS, SASU, SA, etc. ;
- le régime des non-salariés TNS (travailleur non salarié) pour les entrepreneurs individuels, les gérants majoritaires des SARL, les associés de SNC, etc.

Contrairement à une idée reçue, le coût de la protection sociale est moins élevé pour les non-salariés que pour les salariés (du simple au double). Pour beaucoup, la couverture sociale semblerait même plus intéressante avec le statut de salarié. Or, de bons contrats de prévoyance résorbent efficacement cette différence de couverture sociale entre les deux statuts.

Une différence existe néanmoins sur le moment où ces cotisations vont être payées. En effet, le créateur ne réglera pas de cotisations s'il opte pour un statut de salarié en choisissant de ne pas se rémunérer lui-même ; ce qui n'est pas le cas du statut de TNS où des cotisations provisionnelles sont dues, dès la première année d'activité, même en l'absence d'une prise de rémunération. Les cotisations réelles feront l'objet d'une régularisation ultérieure. Dans la pratique, les entrepreneurs non salariés ont de grandes difficultés pour connaître le montant des versements régularisés dans les deux à trois ans à venir et se laissent surprendre par les montants réclamés par les organismes sociaux.

À noter

Créateurs seniors ou créateurs juniors : une démarche différente

Un salarié ayant cotisé pendant de nombreuses années à des caisses de retraite pour les cadres aura intérêt à choisir un statut de salarié pour continuer à cotiser pour les quelques années de cotisations restantes afin de gonfler sa future pension (dans la mesure où le système par répartition restera constant dans les années à venir). En revanche, un jeune créateur d'entreprise aura peu d'intérêt à choisir le statut de salarié. En effet, le statut de non salarié peut se révéler plus performant de nos jours, compte tenu du moindre poids des cotisations sociales. En choisissant de se verser un salaire plus bas, il préférera prendre une partie des bénéfices sous forme de dividendes, moins imposés fiscalement.

Avant de déterminer le meilleur choix, tout créateur doit par conséquent être particulièrement attentif à la situation sociale engendrée par chaque statut, tant en termes de coût des cotisations sociales (maladie, maternité, allocations familiales, retraite, à l'exclusion de cotisations de chômage), qu'en termes d'avantages sociaux acquis pour lui et pour sa famille.

Impôt sur le résultat : quels choix possibles ?

Les différents statuts et options possibles aboutissent à deux modes d'imposition des bénéfices de l'entreprise : l'un conduit à faire payer la société juridique en tant que telle, l'autre devra être déclaré personnellement par le créateur et/ou ses associés dans sa propre déclaration d'impôt sur le revenu.

Bénéfice comptable ou bénéfice fiscal ?

Attention ! Le bénéfice comptable est la différence entre les produits (les ventes notamment) et les charges (achats de stocks, loyer, électricité, etc.), présentés dans le compte de résultat. Alors que le bénéfice fiscal, sur lequel est calculé l'impôt, est le bénéfice comptable augmenté des charges non admises en fiscalité.

Deux régimes d'imposition vont s'appliquer en fonction du statut choisi.

Première possibilité

Faire payer un impôt sur les bénéfices directement par la société quelle que soit l'affectation des bénéfices (mise en réserve ou distribution).

L'entreprise est redevable de l'impôt, calculé sur le bénéfice fiscal au taux de 33,1/3 %, et pour certaines PME à un taux réduit de 15 % qui ne s'applique que sur une tranche de bénéfices limitée à 38 120 euros.

L'avantage de ce système est d'être à taux fixe, donc facilement évaluable.

Seconde possibilité

Intégrer la part de bénéfice revenant à chaque associé dans sa propre déclaration d'impôt sur le revenu.

Si dans certains statuts le régime d'imposition est soumis clairement à l'impôt sur le revenu, dans d'autres cas, comme pour l'EURL ou la SNC, une option à l'impôt sur les sociétés (voir la première possibilité ci-dessus) est possible. Ainsi, même à l'intérieur d'un statut apparemment défini, des options sont possibles et souvent déterminantes pour optimiser son régime fiscal.

Dans ce cas, le taux d'imposition dépend de la tranche du barème progressif de l'impôt sur le revenu dans laquelle se situe l'entrepreneur qui peut aller de 0 à 40 %. Ainsi, un même montant de bénéfice à déclarer n'aboutira pas forcément au même montant d'impôt sur le revenu : pour déterminer la tranche d'imposition (0 à 40 %) il faut diviser le montant imposable par le nombre de parts du foyer fiscal. En général, à montant de revenu imposable égal, le contribuable ayant plus de parts paiera moins d'impôt : un associé célibataire ne disposant que d'une part dans le calcul de son impôt personnel paiera plus d'impôt qu'un autre étant marié, avec 4 enfants et bénéficiant de ce fait de 5 parts dans le calcul de son impôt.

L'avantage de ce système est que le déficit de l'entreprise se reporte directement sur la feuille d'impôt personnelle du créateur et peut même venir en déduction d'autres revenus.

Depuis le 1er janvier 2009, le statut d'auto-entrepreneur a apporté une grande souplesse à des actions professionnelles ponctuelles ou visant à tester une future activité ne réclamant pas de nombreux investissements de départ.

Interview

Alain Bosetti, fondateur et président du Salon des micro-entreprises (www. salonmicroentreprises.com) et du Salon des services à la personne, président des sites Place des réseaux (www.placedesreseaux.com) et Planète-Auto-Entrepreneur (http://planete-auto-entrepreneur.com).

– Où en est la création d'entreprises depuis l'arrivée du régime d'auto-entrepreneur début 2009 ?

Les chiffres sont parlants. Le nombre des créations d'entreprise a presque doublé : en 2008, 331 000 entreprises ont vu le jour. Un an plus tard, on constate un envol des créations : 580 100 nouvelles entreprises, dont 320 000 sous le régime d'auto-entrepreneur.

– Quel est l'intérêt de ce régime ?

Tester sans risques son projet. C'est un moyen efficace pour remplacer l'étude de marché : on observe les réactions du marché… et le projet s'affine. Le risque financier est, de plus, minime : les cotisations sont payées seulement après le premier chiffre d'affaires. Pour ceux qui l'adoptent comme revenu additionnel (étudiants, salariés, retraités), ce régime permet d'être dans la course de la création. Ce régime a vraiment décomplexé les Français face à la création d'entreprises. En effet, 60 % des créateurs d'entreprise actuels ne se seraient jamais lancés dans le cadre juridique d'autrefois.

Le statut d'auto-entrepreneur (www.lautoentrepreneur.fr) n'est donc possible que pour les petits chiffres d'affaires ne dépassant pas :

- 80 300 euros (au 1er janvier 2010) pour ceux qui vendent des biens, des marchandises, des objets, des fournitures et denrées à emporter ou à consommer sur place (type restaurant) et des fournitures de logement (type gîte rural) ;

• 32 100 euros pour les prestataires de service (conseil, expertise, formation, etc.).

Le statut choisi devra permettre au créateur de réaliser son projet dans une dimension suffisamment viable pour assumer également les contraintes de sa vie personnelle. La création d'entreprise ne doit pas être une roulette russe mettant en péril le passé ou le futur de l'entrepreneur.

Pour les détails juridiques sur les statuts d'entreprise :

Créer et développer

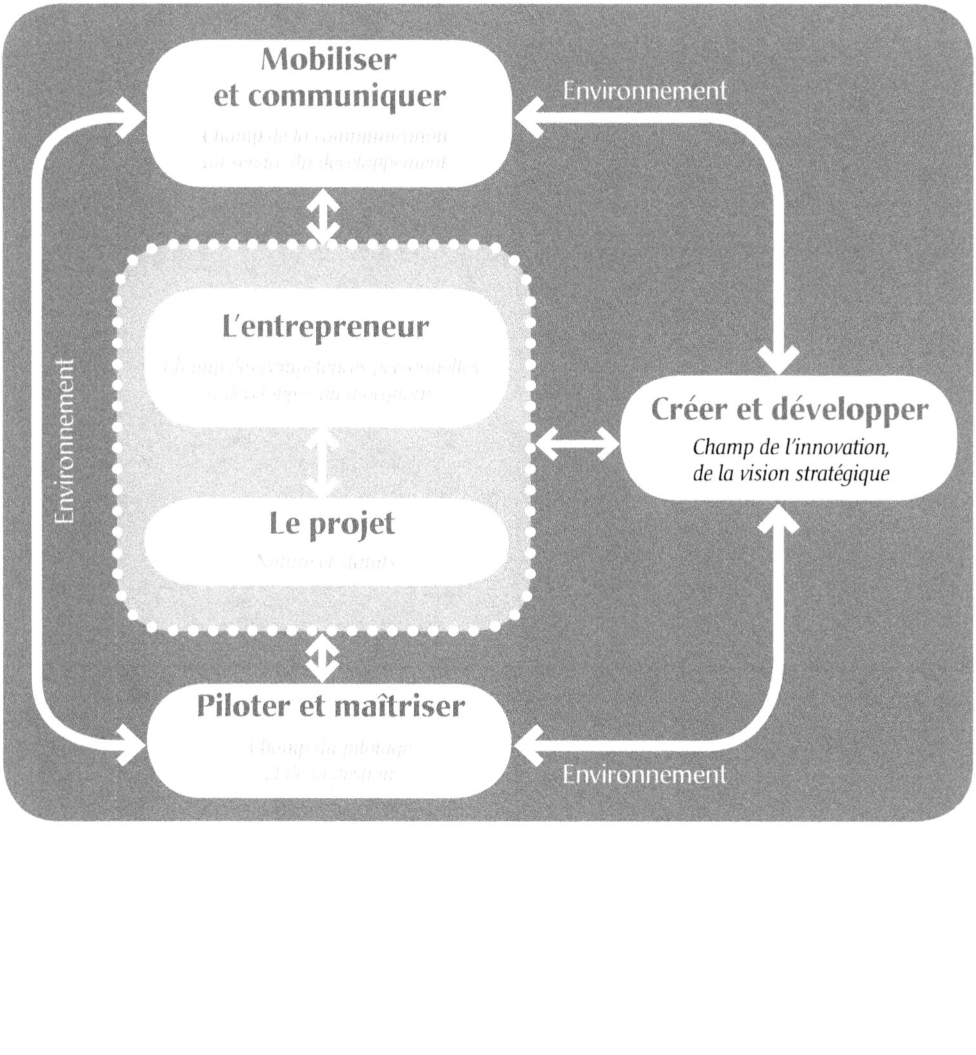

Flash
Au cœur du processus entrepreneurial

Créer et développer constituent l'un des principaux champs du système entrepreneurial. C'est le moment où l'entrepreneur crée une opportunité, puis la développe en activité viable. C'est le terrain d'expression du processus entrepreneurial. Ce processus, allant de l'idée au marché, passe par différentes phases mêlant étroitement réflexion et action. Ces différentes phases, comme les champs d'analyse ou d'action associés aux concepts clés qu'elles impliquent, seront développées dans ce focus. Le schéma ci-dessous explicite les enchaînements de ce processus.

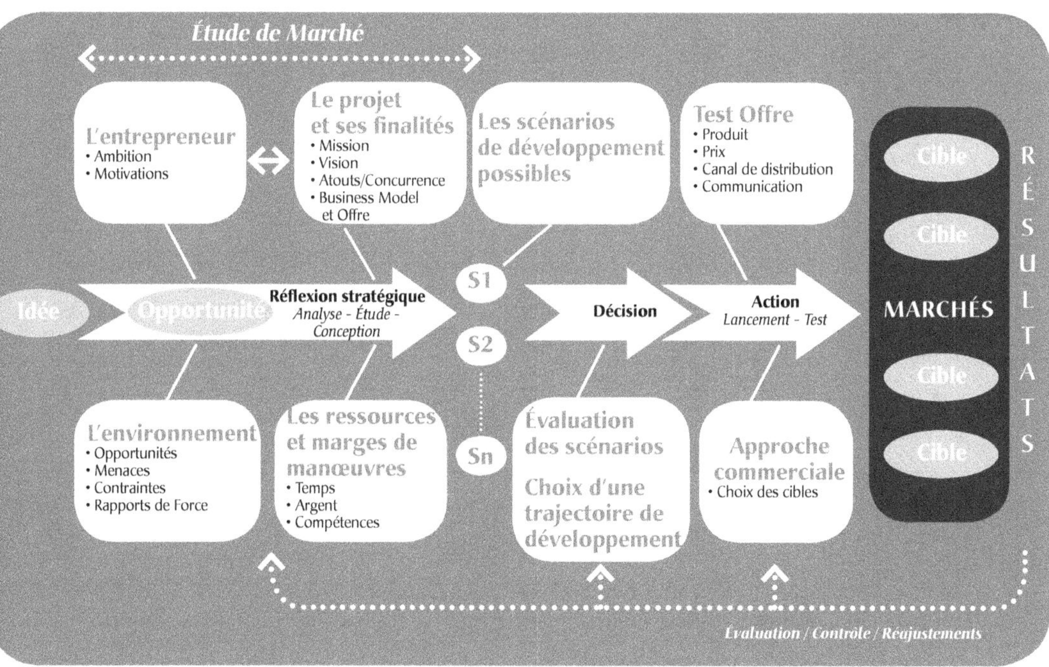

Schéma 7 - Au cœur du processus entrepreneurial

Un parcours :
de l'idée au marché

Au commencement est l'idée, issue de la créativité de l'entrepreneur. Cette idée est un diamant brut. L'entrepreneur va devoir la tailler, en affiner toutes les facettes pour créer, à partir d'elle, l'opportunité sur laquelle il va bâtir son projet.

Pour réaliser ce travail de «tailleur de rêve», il amorcera une réflexion stratégique prenant parallèlement en compte plusieurs facteurs : sa propre ambition et ses motivations ; la première vision de son projet tant au niveau contenu et développement qu'environnement, mais aussi des ressources et marges de manœuvre. Pour guider sa réflexion, il s'appuiera notamment sur l'étude de marché.

L'opportunité re-calibrée ainsi à l'issue de cette phase pourra s'exprimer sous différentes formes, à travers différents scénarios de développement ; certains d'entre eux pouvant modifier en profondeur la physionomie du projet initialement rêvé.

Créativité et intuition s'associent à la vision stratégique et à l'innovation. L'entrepreneur va devoir se placer dans une posture de création récurrente pour assurer le développement de son entreprise : nouveaux produits, nouvelles opportunités, nouvelles activités. Il ne pourra plus se reposer sur sa création initiale.

Dessiner une trajectoire
pour l'entreprise

Ce processus à la base du développement de l'entreprise se concrétisera dans un cycle «analyse – réflexion – conception – décision – test – réajustement» allant de la réflexion stratégique jusqu'à l'action sur le terrain. Pour parcourir ce cycle, l'entrepreneur pourra se doter d'une démarche et d'outils adaptés à

la taille de son entreprise. Ces éléments ne sauraient cependant lui garantir le succès. Ils sont là pour orienter l'analyse, susciter la réflexion et faciliter sa prise de décision.

Le développement de l'entreprise consistera à trouver une trajectoire entre différentes options possibles : un chemin permettant de prendre en compte les objectifs personnels de l'entrepreneur, sa vision stratégique du développement de son projet (ce qu'il veut en faire), son environnement spécifique, ses ressources disponibles et marges de manœuvre (temps, compétences, argent).

Dans ce contexte, il n'existe dans l'absolu aucune bonne réponse stratégique. En particulier, le «bon» marché est souvent simplement celui que l'entrepreneur peut gérer par rapport à ses ressources et aux atouts de son offre.

Un cycle tout au long de la vie de l'entreprise

Ce processus entrepreneurial est également un cycle susceptible, par la suite, d'être parcouru de manière plus rapide et moins complète que lors de la création de l'activité ; mais il se réinitialisera néanmoins à chaque nouveau développement de l'entreprise. Ce sera notamment le cas lorsqu'elle sera en vitesse de croisière et recherchera, seule ou avec d'autres, de nouvelles voies de croissance, durables et profitables, après avoir obtenu ses premiers succès.

16 Créativité et génération d'idées

Les défis de l'entrepreneur ont plusieurs noms : concurrence, rentabilité, pérennité. Face à eux, la posture entrepreneuriale se doit d'être particulièrement créative pour surmonter la complexité. En effet, les besoins des clients évoluent très rapidement tandis que se raccourcit la durée de vie tant des produits et des services que des procédés de fabrication. Sa survie, une entreprise la doit à sa constante volonté d'adaptation au changement. Enjeu essentiel pour elle, la créativité est par conséquent le meilleur vecteur de réactivité et d'adaptabilité. Être entrepreneur ne se limite pas au seul acte de création d'entreprise ; c'est une attitude qui colore la vie au quotidien. Nul n'est en effet créatif dans son cadre professionnel exclusivement. La créativité est un état d'esprit.

Contrairement aux idées reçues, la créativité est aussi un savoir-faire : ce n'est pas un don. Cette capacité peut ainsi s'acquérir, notamment à partir de techniques et d'entraînement. Chaque entrepreneur est donc toujours en mesure d'augmenter son potentiel créatif et de le développer, même si certains entrepreneurs présentent de meilleures dispositions.

Créativité

C'est la capacité à s'appuyer sur une perception différente pour concevoir, produire et réaliser quelque chose de nouveau, que ce soit par invention, par combinaison ou par réorganisation. Cette réalisation peut prendre des formes extrêmement diverses, comme une production artistique, un message publicitaire, un nouvel outil, un nouveau procédé... Mais à l'origine est toujours présente une idée.

Comment associer créativité et contexte entrepreneurial ?

Dans l'entreprise, la créativité est un atout aux multiples facettes. Elle permet en effet de se remettre en question, d'oser improviser, de faire émerger des solutions dans un contexte difficile, d'imaginer une approche originale en explorant le champ des possibles pour créer un produit ou un service. La créativité est ainsi à la source de toute innovation. Un des spécialistes de la créativité, Luc de Brabandère, a distingué ces deux notions : «*Innover, c'est faire du neuf dans le système ; en revanche, être créatif, c'est penser à un système neuf.*» Une entreprise dynamique manifeste sa créativité à tous les niveaux : de l'idée de création et du choix de l'activité à son orientation stratégique, organisationnelle, technologique ou managériale.

En pratique

Un cas emblématique : le business model innovant de Michael Dell (ordinateurs Dell)

Son succès est fondé sur :
- une réduction très rigoureuse des coûts de production : zéro stock, ordinateurs montés à la commande (commandes enregistrées directement par Internet) ;
- une gestion de la chaîne de production irréprochable : production, assemblage et livraison réalisés en un temps record ;
- le recours important à la sous-traitance, gérée à l'aide d'un système informatique performant ;
- la «customisation» de masse : fabrication des ordinateurs avec l'efficacité des productions de masse, mais personnalisés selon la demande du client ;
- la suppression des détaillants : élimination des pertes de temps pour réduire les coûts et pour éviter les interférences dans la perception des besoins des clients.

Bien utilisée, la créativité peut devenir une méthode de résolution de problème. En effet, par l'adoption d'une posture créative, l'entrepreneur est en mesure de traiter chaque problème comme un défi à relever. En apportant une valeur nouvelle (à un produit, à un service, à un client, etc.), la créativité contribue à la gestion de la complexité au sein même de l'entreprise.

Se tromper et découvrir l'Amérique...

La créativité peut permettre de transformer un obstacle en opportunité, de dépasser un échec initial pour en faire un atout par la création d'un produit viable. Cette capacité de transformation se nomme «sérendipité». Exemples de sérendipité notoires, les Bêtises de Cambrai ou la tarte Tatin résultent d'une erreur de fabrication ou d'une utilisation détournée comme le champagne, le roquefort, le Viagra, le kevlar, le téflon, le velcro, la colle superglue, le Post-it ou encore l'imprimante à jet d'encre.

Le réseau Internet fonctionne un peu sur le mode de la sérendipité, puisqu'on y trouve souvent des informations intéressantes non recherchées *a priori*. La sérendipité, c'est donc l'art de savoir tirer parti d'un hasard malheureux pour rebondir : découvrir, inventer, créer ou imaginer à partir d'une découverte imprévue, non désirée. C'est cette capacité à faire de l'utile à partir de l'inattendu. Ainsi, de la même manière, Christophe Colomb a-t-il découvert l'Amérique en cherchant les Indes par l'ouest, en ignorant la présence de cet immense continent. La sérendipité, c'est oser se demander «pourquoi pas ?», là où d'autres se seraient arrêtés et certains seraient désespérés. Entreprendre, c'est savoir intégrer le plaisir de la découverte pour faire naître l'opportunité et l'exploiter.

Pour trouver une idée originale, n'hésitez pas à vous appuyer sur l'une de vos passions, sur vos goûts, vos idéaux, sur votre projet de vie, sur l'air du temps ou au contraire le contre-courant, sur votre expérience personnelle et profession-nelle, sur un besoin ou même sur ce qui existe déjà… L'originalité est toutefois une notion très relative. En 1990, l'idée de se promener avec une bibliothèque d'un millier de chansons, de photos et de plusieurs films dans la poche serait sortie des sentiers battus. L'originalité dépend d'un contexte et d'une époque. Cependant, il est souvent difficile de se défaire des habitudes et de découvrir l'idée nouvelle. La créativité repose ainsi sur une nouvelle façon de percevoir les choses.

En pratique

Abandonner les réflexes du passé

La compagnie de chemin de fer qui deviendra plus tard la SNCF a conçu ses premiers trains sur le modèle des diligences de l'époque : chaque train était composé d'une suite de petits wagons individuels, à la manière de diligences sur rails. Puis, du fait de l'insécurité générée (les voyageurs de chaque wagon indépendant pouvaient facilement être attaqués), on a inventé les compartiments avec couloir, avant d'en arriver à la conception actuelle calquée sur les cabines d'avion.

La médaille a un revers ! Tout ce qui est nouveau ou innovant séduit et inquiète à la fois. La créativité de l'entrepreneur se heurte régulièrement à l'incompréhension du banquier ou d'investisseurs soucieux de ne pas placer leurs fonds tant que la voie de la rentabilité n'est pas clairement dessinée. Or, la rentabilité dépend souvent de la stratégie de développement, stratégie précisément construite à partir de la valeur nouvelle qu'aura su créer l'entrepreneur… C'est le serpent qui se mord la queue !

interview filmée de David Loury, Cobalt Aircraft

L'opportunité

'opportunité est un concept clé pour l'entrepreneur, car c'est elle qui permet de créer la valeur recherchée. Toute entreprise réussie repose ainsi sur la bonne exploitation d'une opportunité. Toutefois, il est important de ne pas confondre idée et opportunité.

L'idée est une première élaboration formalisée de la pensée. L'opportunité, elle, existe quand, à un moment donné, l'environnement et l'idée entrent en adéquation permettant au projet entrepreneurial de se transformer en véritable activité.

Pour passer d'une bonne idée à une opportunité, l'entrepreneur doit par conséquent prendre en compte son environnement et ses ressources.

De l'idée à l'opportunité

D'où viennent les bonnes idées ? Comment trouver l'inspiration pour les matérialiser à la demande ? Quels que soient le contexte et l'optique de la recherche d'idées, l'entrepreneur doit faire preuve de flexibilité intellectuelle. En effet, si ses idées foisonnent, il lui faudra les trier en fonction des exigences de réalisation, des critères de faisabilité et de rentabilité : une idée se travaille (voir le module 22).

La créativité procède de deux dynamiques :

– Un premier mouvement de divergence, avec enjeu de quantité : trouver le plus grand nombre d'idées possibles.

– Un second mouvement de convergence, avec enjeu de qualité : sélectionner les idées pour identifier la bonne idée.

À l'écoute des tendances

L'entrepreneur doit être un opportuniste réactif. Comment ? En restant attentif de manière à repérer les nouveaux problèmes ou les signaux faibles de changement dans les comportements présageant de nouvelles opportunités. Ainsi se dégagent de nouvelles attentes comme le besoin de proximité, la facilité, la mobilité, le nomadisme, la sécurité, l'envie d'émotions et d'expériences, l'éthique et le sens, l'équitable, l'écologique, des prix bas (le *low-cost*) et en même temps le droit au luxe, le bien-être, les loisirs, le gain de temps, la personnalisation, le savoir-faire traditionnel…

Le tableau ci-contre présente quelques idées de création d'entreprise ou de produit, selon l'évolution du comportement des consommateurs annoncée par les cabinets de tendances pour 2010.

En pratique

Petit réservoir d'idées

Voici des entreprises insolites ayant vu le jour récemment :
- boutique sans vêtements ;
- magasin à prix unique ;
- consultante en perruques dans le cadre des soins en cancérologie ;
- agence immobilière à vitrine à écran tactile ;
- entreprise de maisons en kit prêt à finir ;
- fast-food de pâtes ;
- distributeurs automatiques de pâtes asiatiques ;
- société de courtage en fromages de caractère ;
- service de livraison de plats chauds en pleine nuit ;
- agence de location de voiturettes ;
- agence de location de consoles de jeux ;
- société de taxi pour enfants, une autre pour animaux domestiques ;
- festival musical pour seniors ;
- boutiques éphémères ;
Et voici quelques produits nouveaux :
- vin en canette ;
- pépites de fruit à grignoter ;
- bicyclettes électriques ;
- chambres d'hôtel dans des conteneurs.

Tendances	Concept → Idée → Opportunité
Le détournement des classiques	Des tapis orientaux en PVC, le kitch chic.
La consommation communautaire	Sites d'achats groupés.
Les nouveaux espaces bien-être	Espaces cocooning, de détente ou relaxation dans les lieux publics (restaurants, train, entreprises, etc.).
La récupération	Sites de don ou d'échange d'objets divers.
Les mélanges culinaires osés	Chips au wasabi, jus de légumes au sirop, macarons au fromage ou au coca-cola.
Le «do it yourself»	Fabrication d'un produit personnalisé par le consommateur lui-même (sac à main, baskets, etc.).
Le slow à côté du fast : «slow food» «slow wear» «slow design»	Alimentation plaisir issue du terroir, cuisine de chef. Vêtements indémodables. Décoration à la fois écologique et éthique.
L'«émotionologie» ou la technologie au service de l'émotion	Bijoux ou tatouages réagissant aux émotions.
La «générosité incorporée»	Enseigne reversant un pourcentage du prix à une organisation humanitaire.
Les magasins pop-up	Corners spécialisés et à thèmes situés à l'intérieur des magasins.
Le nouveau zen	Produits épurés et japonisants reflétant l'harmonie.
La fierté urbaine	Bagues et bracelets arborant le plan de son quartier ou sa ligne de métro.
Les seniors à l'honneur	Choix de quinquagénaires pour des publicités ou par des chasseurs de tête ; mise en avant de la maturité et de l'expérience.
L'achat expérience	Sensations, émotions, expériences vécues privilégiées par rapport au produit lui-même.

Sources : IFOP, Nelly Rodi, Peclers Paris, Promostyl, Trendwatching, White Sky.

Comment protéger son idée?

La crainte de tout entrepreneur : se faire voler son idée… Il est pourtant bénéfique de la tester, certes avec prudence, par exemple auprès de sa famille ou de gens du métier non directement concurrents de l'entreprise en création.

Toutefois, par mesure de sécurité, toute idée peut être protégée par la mise sous enveloppe Soleau. Si l'idée débouche sur une innovation technique, sa protection s'effectuera par dépôt de brevet. Dans le cas où l'idée est appelée à se concrétiser dans un design particulier, le dépôt de dessins ou de modèles est essentiel ; tout comme est fondamental le dépôt de la marque pour protéger un nom de produit, le nom commercial de l'entreprise ou son logo.

Pour en savoir plussur la propriété intellectuelle :

Des opportunités de création pour... demain ?

«L'utopie, c'est la vérité de demain», disait Victor Hugo. Il en va ainsi de produits impensables auxquels certains ont pourtant déjà pensé. Ils nous deviendront peut-être bientôt familiers : un téléphone transformable ; du papier effaçable ; une cape d'invisibilité ; une télévision en trois dimensions ; un blouson électrique ; du biocarburant à partir d'algues ; du coton comestible ; une centrale nucléaire privée ; du ciment antipollution ; un haricot anti-flatulences ; des scarabées espions ; une éolienne cerf-volant ; de la peinture en guise de panneau solaire ; une peinture anti-microbes ; des dents capables de repousser ; de la pâte à réparer les os ! La date de sortie de ces produits est déjà estimée. Regardez :

www.journaldunet.com/economie/
magazine/dossier/ces-innovations-sont-
les-succes-du-futur/ces-inventions-qui-
vont-cartonner.shtml

Source : *JDN Économie* du 5 février 2009

Parvenir à identifier la bonne idée est bien sûr une des aspirations constantes de l'entrepreneur, mais il convient de garder à l'esprit deux principes simples :

– Une bonne idée ne constitue pas toujours une opportunité d'affaires.

– L'idée géniale est souvent une idée toute simple arrivée au bon moment et créatrice de valeur.

Enfin, dans tous les cas, l'étude de marché doit permettre de valider cette idée et de la faire évoluer. Quatre critères sont à prendre en compte pour passer d'une bonne idée à une vraie opportunité entrepreneuriale : le prix, la rentabilité de la force de travail, l'évaluation du marché et l'offre (voir modules 24 à 26). Pour la faire accepter, l'entrepreneur devra alors adapter sa communication (voir focus 5).

18 — La mission de l'entreprise

a mission («*mission statement*» pour les Anglo-Saxons), souvent appelée également «raison d'être» ou «vocation» est le point de départ de la réflexion stratégique de l'entrepreneur. Comme pour l'ambition et les motivations, elle touche à l'essence même du projet entrepreneurial. Travailler la mission de son entreprise, c'est globalement définir et formaliser ce qu'est cette entreprise.

Ce monde a-t-il vraiment besoin d'une nouvelle pizzeria?

Cette définition s'ancre avant tout dans un marché, face à des concurrents. Pour être pleinement opérationnelle, la mission se doit d'anticiper un résultat susceptible de créer une différence concrète : par exemple, une pizzeria, mais pas comme les autres. Pour la définir, il convient de se poser quatre questions fondamentales, simples à énoncer. Cependant, il n'est pas toujours facile d'y répondre dans les faits, tant l'implication des réponses est lourde de conséquences pour le projet.

Un ou des métiers pour l'entreprise ?

L'entreprise pourra exercer un ou plusieurs métiers. Ainsi, une société de conseil pourra également proposer des prestations de formation. Au-delà de la simple expression de ce périmètre d'activité, cette diversité de l'offre signifiera pour l'entrepreneur, lors de l'élaboration de sa stratégie, d'examiner à la fois le marché du conseil et celui de la formation, caractérisés par des dynamiques, un environnement et des concurrents différents.

En fonction de l'angle abordé, la notion de métier ouvre également des perspectives différentes en matière de réflexion sur le développement futur de l'entreprise. Par exemple, une petite entreprise de transport par autocars peut envisager son métier sous un angle technique (transport de passagers). Toutefois, ce métier peut être envisagé sous un angle marché, en positionnant l'entreprise comme un acteur du secteur du tourisme, répondant à une demande de la clientèle autour de l'organisation globale de voyages, au-delà même du simple transport par autocars (accords avec des hôtels, emploi de guides, création de circuits, etc.). Là encore, la physionomie de l'entreprise en sera profondément transformée. Enfin, la notion de métier est très étroitement liée à l'offre de l'entreprise. En effet, pour des publics extérieurs, l'entreprise est avant tout ce qu'elle vend.

C'est là certainement l'un des points prioritaires à travailler pour les entrepreneurs : une offre peu claire, mal exprimée, a toutes les chances d'être rejetée par le marché.

Une étude de marché peut ainsi donner de mauvais résultats, non parce que le produit de l'entreprise n'est pas adapté aux attentes, mais tout simplement parce qu'il aura été mal compris par les prospects.

Quel type de clientèle l'entreprise vise-t-elle ?

La simple réponse à cette question entraîne des évolutions sur de nombreuses dimensions du projet. Ainsi, exercer une activité de conseil pour de grandes entreprises ou des PME signifie pour l'entrepreneur-consultant des niveaux de facturation, des natures de mission, des outils, et une communication foncièrement différents.

Comment l'entreprise exerce-t-elle son métier ?

La question du métier touche également à l'organisation des activités de la future entreprise : ce qui constitue son cœur de métier, l'expression de son véritable savoir-faire et ce qu'elle peut accepter de sous-traiter. Serai-je demain concepteur et fabricant de meubles ou ferai-je de mon entreprise un simple bureau d'études qui sous-traitera la fabrication à d'autres ? De même, la commercialisation des produits ouvre un autre champ de réflexion pour l'entrepreneur : vais-je vendre en direct ? Par Internet ? Avec ma propre force de vente ? En passant par des distributeurs ?

Le mode de distribution des produits est parfois une composante forte, voire la principale du métier. Aujourd'hui, qu'est-ce qui définit en effet le mieux le métier d'une entreprise comme Tupperware ? Ses produits (copiés, même imparfaitement, par des marques de distributeurs) ? Ou son modèle de vente directe à domicile que l'entreprise n'abandonnera vraisemblablement jamais ?

Quelles valeurs animent l'entreprise ?

Si ce champ de réflexion peut paraître plus abstrait que les précédents, il n'en est pas moins important et peut lui aussi produire un impact durable sur la stratégie de l'entreprise. C'est également là que se fera le plus vraisemblablement sentir l'influence des propres valeurs de l'entrepreneur. Un entrepreneur fortement attaché à des valeurs d'indépendance sera en effet plus réticent qu'un autre à s'orienter vers des stratégies nécessitant une ouverture de son capital ou des partenariats. De la même façon, une entreprise telle que Patagonia, animée par des valeurs fortes d'écologie, ne s'orientera pas vers des fabrications présentant des risques pour l'environnement.

L'écologie au cœur de la démarche entrepreneuriale

Patagonia est l'un des premiers groupes internationaux dans le domaine de l'*outdoor*. Dès ses origines dans les années 1970, son fondateur, Yvon Chouinard, a toujours positionné l'entreprise comme une pionnière de l'écologie. Aujourd'hui, un extrait de sa mission reste la suivante : « *La définition que nous donnons du mot qualité est indissociable de notre mission, celle de fabriquer des produits et de recourir à des processus causant le moins de dommages possibles à l'environnement. Nous évaluons les matières premières, investissons dans des technologies novatrices, traitons nos déchets avec la plus grande rigueur et reversons 1 % de notre chiffre d'affaires à des associations œuvrant à faire une vraie différence.* » (www.patagonia.com)

 **interview filmée de Pascale Bernet, Art'Ketype**

La mission, au-delà de la stratégie

Le travail sur la mission a également des implications concrètes pour l'entrepreneur :

- présentation commerciale («Nous sommes une entreprise de…») ;
- identité visuelle («accroche» sous un logo : «fabricant de… depuis…») ;
- site Internet ou brochure («notre métier : …»).

L'entrepreneur ne doit pas perdre de vue que la mission peut parfaitement évoluer dans le temps. La première formulation de la mission fournit un cap de départ à tenir ; mais l'étude de marché, le développement de l'entreprise et ses premiers résultats permettent d'approfondir et de modifier les réponses aux questions initiales ayant permis de la définir.

La mission, à travers ses déclinaisons très opérationnelles, constitue souvent un premier axe de communication vers le client, une première possibilité de perception d'une différence par rapport à la concurrence. Une mauvaise formulation constitue le premier risque d'incompréhension entre l'entreprise et son marché. Il est donc très important d'en avoir suffisamment travaillé la teneur avant d'être confronté au marché. Afin d'y parvenir, l'entrepreneur peut se poser une question déstabilisante : que perdrait le monde si son entreprise disparaissait ? Si la réponse est *«juste une pizzeria de plus»*, le travail sur la mission méritera vraisemblablement d'être approfondi…

Interview

David Loury, créateur de Cobalt Aircraft, constructeur d'avions légers[1], a inventé un nouvel avion d'affaires selon un concept très novateur : «*Je suis un grand rêveur avec les pieds sur terre !*»

– Comment, à 30 ans, a-t-on l'idée de fabriquer un avion ?

D'abord, j'ai toujours eu la fibre mécanique, la notion du concret. J'ai une double formation technique et business. J'ai travaillé

---

1. Toussus-Le-Noble, Yvelines.

à la NASA et appris à piloter. Petit, j'avais participé à un « space camp », un centre de préparation pédagogique au voyage dans l'espace créé par l'astronaute Patrick Baudry. Aujourd'hui, d'ailleurs, il est dans le conseil d'administration de ma société. L'idée m'est venue d'une discussion avec quelqu'un rencontré par hasard, et mon produit est le fruit d'une co-construction, de remises en question quotidiennes. Trois ans ont passé entre l'idée et le début de la réalisation. Je devais faire simple, rapide et pas cher : je suis parti de deux barres avec les sièges au milieu, j'ai mis en place une conception modulaire, les blocs s'assemblant soit par boulons soit par prises électriques. L'avion réalisé n'est pas celui imaginé au départ : il est bien mieux !

– Pourquoi croyez-vous si fort en votre avion ?

Parce que j'innove sur tout. J'ai beau chercher, je ne vois pas comment il pourrait ne pas marcher. Pour ma conception, je me mets toujours à la place des gens, le client ou le mécanicien. Je ne me suis pas cantonné à une prestation d'ingénieur, j'ai un grand souci esthétique. Et je puise mon inspiration partout : un jour, j'ai aimé la forme des poignées d'un jacuzzi, eh bien je les ai reprises pour mon avion ! Je soigne l'esthétique même là où cela ne se voit pas, cela fait plaisir aux mécaniciens ! Le client dispose aussi d'un grand choix de finitions pour personnaliser son avion. Ma ligne d'inspiration, c'est l'Aston Martin : sobriété et élégance.

– Et les concurrents ?

Je les connais, ils sont très anciens. Ce sont les deux leaders Cessna et Cirrus. Cependant, leurs avions ont peu évolué depuis 1977. Dans l'aviation légère, les barrières à l'entrée sont fortes en raison de l'investissement et des contraintes de certification.

– Quelle est votre stratégie de différenciation ?

Je mise sur le très haut de gamme et sur le confort de vol. Je ne suis pas pour le « low-cost » : un client vous respecte en tant que commercial quand le produit est bon. Mon avion est plus léger, plus beau, plus économique : une heure de vol revient environ à une heure de voiture.

– Et votre clientèle cible ?

Les patrons de PME, les professions libérales. Ils peuvent opter pour la copropriété et acheter l'avion à quatre.

– Comment choisissez-vous vos distributeurs ?

Ils sont aux États-Unis, au Canada, au Brésil et en Inde, dans les pays traditionnellement utilisateurs d'avions légers.

– La fabrication d'un avion, est-ce rentable ?

Je gère le plus d'activités possible en dehors de ma société pour limiter les coûts fixes. J'ai fabriqué moi-même le premier prototype, à la fois pour convaincre les financiers et pour me prouver que j'en étais capable. Donc je connais le coût des pièces ; cela facilite le dialogue avec les sous-traitants.

– Et le financement ?

C'est évidemment le gros morceau : 95 à 99 % des projets de construction d'avion ont échoué à cause de la trésorerie… Le plus difficile est d'obtenir un capital d'amorçage. Grâce à la loi TEPA[2], qui permet une défiscalisation des investissements, j'ai eu un financement par des *business angels*.

– Quelles difficultés avez-vous rencontrées ?

Elles sont du côté du gouvernement français qui a émis des réserves au moment de ma première levée de fonds à cause de mon jeune âge. Certes, je n'ai pas d'emplois à protéger, mais j'en ai à créer !

– Qu'est-ce qui vous plaît dans ce métier d'entrepreneur ?

On touche à des métiers qu'on n'aurait pas côtoyés dans son métier d'origine. On rencontre des gens qu'on n'aurait pas rencontrés non plus. Et quelle ouverture internationale ! Pour la fabrication d'un avion, je travaille avec au moins 7 pays : les parties plastiques viennent de Chine, les structures de Serbie, les verrières de Suisse, les cuirs d'Argentine, et il y a aussi l'Allemagne, la France bien sûr et les États-Unis…

– Et après ?

J'ai de multiples projets. Mon prochain avion sera un jet. Après, j'aimerais me lancer dans le tourisme spatial…

www.cobalt-aircraft.com

---

2. Loi du 21 août 2007 en faveur du travail, de l'emploi et du pouvoir d'achat.

19 Aux sources de la stratégie

La stratégie d'entreprise : une discipline récente

Après avoir défini ce qu'est son entreprise, sa mission, l'entrepreneur doit projeter son projet dans le futur pour progresser dans sa réflexion. Avant même d'avoir pu élaborer sa stratégie de façon précise et détaillée en s'appuyant sur différentes approches (étude de marché, analyse de l'environnement, etc.), il fixe donc un premier cap pour son développement… quitte à le faire évoluer par la suite. Sur quels outils peut-il s'appuyer pour y parvenir ?

Discipline relativement récente, la stratégie d'entreprise date des années 1960-1970 pour les premiers outils d'analyse stratégique, comme les matrices. Ces outils, aujourd'hui passés dans le domaine public, ont été initialement conçus par quelques éminents professeurs (Michael Porter, Igor Ansoff, etc.) et de grands cabinets de conseil (Boston Consulting Group, McKinsey, etc.). Ces derniers s'en sont servis entre autres pour vendre leurs prestations aux grandes entreprises (Lockheed, General Electric, etc.). Chacun de ces acteurs a pu développer sa propre définition de la stratégie d'entreprise, les concepts pour l'aborder et les outils pour l'élaborer. L'ensemble de ces éléments, hérités de courants de pensée successifs ont alimenté la boîte à outils classique de tout bon manager.

Or, quelle que soit la taille de l'entreprise, les bonnes questions à se poser sont les mêmes. Seul change essentiellement le niveau des ressources, la jeune entreprise ayant moins de «matelas» pour absorber les chocs liés aux erreurs stratégiques. Toutefois, à ce stade de la réflexion de l'entrepreneur, quelques principes issus de la stratégie militaire nous semblent, de par leur universalité d'application, encore plus pertinents que ces outils stratégiques classiques.

La stratégie militaire : un modèle d'une redoutable efficacité

Les références au monde militaire sont actuellement fréquentes dans le domaine de la stratégie d'entreprise contemporaine. Ainsi, l'ouvrage *L'art de la guerre* du général chinois Sun Tse (500 av. J.-C.) n'a pas pris une ride. Un autre grand stratège, le général prussien Carl von Clausewitz (1780-1831), résumait efficacement en 15 mots, ce qu'est la stratégie : «*C'est le choix du terrain, le choix des moyens et le choix du moment.*» Au regard de ces expériences reconnues, il est évident que la stratégie militaire entretient des liens étroits avec la stratégie d'entreprise, même si la finalité n'est pas humainement la même :

– Sur quels terrains vais-je me battre ?

– Avec quelles armes pour être le meilleur sur le terrain choisi ?

– Quels moyens vais-je mobiliser ?

– À quelles priorités vais-je allouer ces moyens ?

Plusieurs points sont à retenir par l'entrepreneur pour nourrir ses qualités stratégiques.

La stratégie nécessite des choix

Si ces choix peuvent être «outillés», c'est, de toute façon, l'entrepreneur, fort de son niveau d'ambition et de ses motivations, qui décide en dernier ressort.

Le terrain des opérations

Le terrain est une notion essentielle pour l'entreprise : activités, clients, réseaux de distribution. C'est sur ce terrain, qui lui est propre, que l'entreprise se «bat» contre ses concurrents.

Contexte guerrier de la stratégie d'entreprise

Le concurrent est en quelque sorte l'ennemi. Par conséquent, la référence à la concurrence dans les différents choix stratégiques doit être une obsession permanente de l'entrepreneur. Il serait en particulier illusoire de croire en la présence de zones vierges de toute concurrence.

> ### À noter
>
> #### À l'écoute de la concurrence indirecte
>
> Certains entrepreneurs, aveuglés par leur propre vision du degré d'innovation de leur offre, affirment trop souvent que dans leur cas, «il n'y a pas de concurrence». Ils oublient alors des formes de concurrence indirecte pouvant gravement pénaliser leur développement. Ainsi, un fabricant d'un jouet inédit, véritable innovation de rupture, «sans comparaison possible» avec une quelconque concurrence directe sur son secteur, ne doit pas perdre de vue la nécessité de lutter contre de nombreuses autres formes de concurrences. En fait, dans ce cas, d'autres produits destinés, de plus en plus tôt, aux enfants (articles de mode, téléphone portable, jeu vidéo, temps passé sur Internet, etc.) et grevant fortement le budget loisirs.

Les moyens mis en œuvre

Ils sont constitués des atouts sur lesquels l'entrepreneur s'appuie pour affronter ses concurrents avec succès (avantages concurrentiels, etc.) et par les ressources (temps, argent, hommes et compétences) susceptibles d'être engagées dans cet affrontement. Là encore, la référence à la concurrence est nécessaire pour éclairer les choix : on ne choisit pas un lance-pierres face à des canons…

La notion de moment

C'est un aspect également crucial pour toute stratégie d'entreprise. Elle recouvre les aspects de calendrier adapté, de temps de montée en puissance, de niveau de priorité fixé dans le temps à tel ou tel projet de développement : autant d'éléments qui structureront le futur business plan de l'entreprise dans sa dimension temporelle.

Enfin, il n'y a pas de bonne stratégie dans l'absolu, seules existent des stratégies possibles entre lesquelles il faut choisir, en fonction d'un terrain défini, d'un contexte concurrentiel lié à ce terrain, des moyens dont on dispose, et du moment adéquat.

20 Le modèle stratégique entrepreneurial

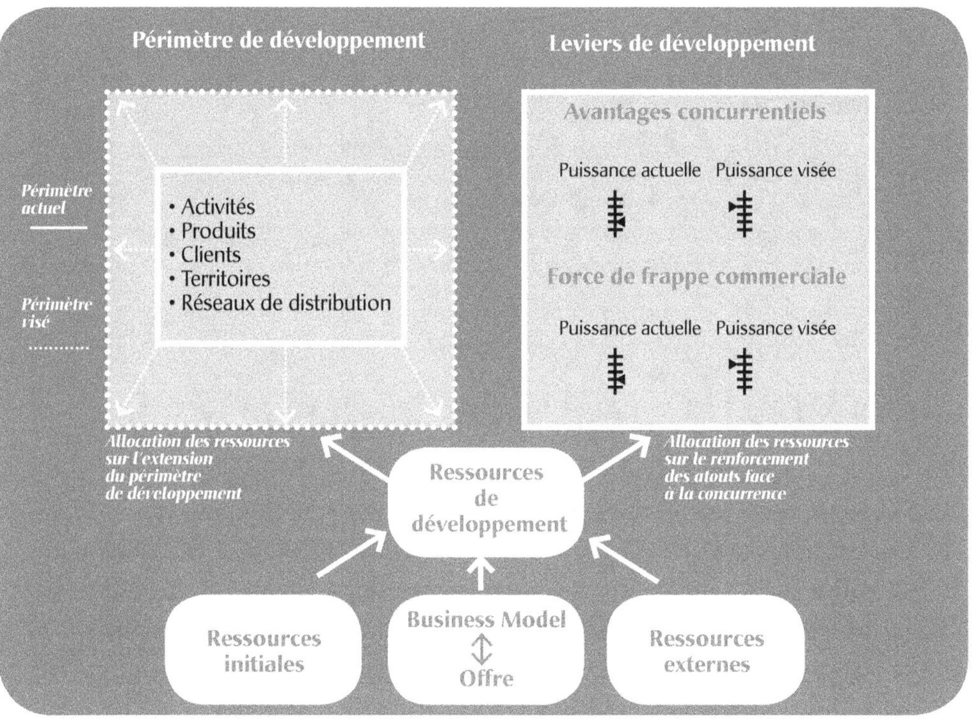

Schéma 8 - Le modèle stratégique entrepreneurial

La stratégie : une affaire de choix

Ce modèle replace les notions de choix et l'allocation des ressources au cœur de la stratégie. L'entrepreneur, pour cadrer son développement, aura six choix fondamentaux à réaliser.

Périmètre de développement

La stratégie d'une entreprise est avant tout orientée «développement». Ce dernier peut certes marquer des paliers, mais l'accroissement de la domination de l'entreprise sur ses marchés passe nécessairement par un effet de taille et donc de la croissance. Rares sont les marchés où *small is beautiful* ne finit pas par devenir *small is dangerous* quand les concurrents de l'entreprise, eux, prennent de l'expansion plus rapidement.

L'entreprise cherche donc logiquement à étendre son périmètre de développement au fil du temps. Différentes dimensions structurent ce périmètre : activités, produits, clients, territoires, réseaux de distribution. Ainsi, l'entrepreneur peut décider de commencer par une activité unique, puis d'en ajouter d'autres ; de débuter avec une gamme réduite de produits, puis de l'étendre progressivement ; de toucher une catégorie de clients, puis d'élargir cette cible ; de lancer son activité à une échelle géographique locale, puis d'accéder à des territoires nationaux, voire internationaux ; de vendre ses produits d'abord *via* un réseau de distribution unique, puis d'étendre cette commercialisation à d'autres réseaux.

L'entrepreneur peut également être amené à réduire ce périmètre (abandon d'activités, de produits, de types de clientèle, etc.) en cas de cap difficile à passer pour l'entreprise. Ce premier choix stratégique du périmètre de développement est par conséquent crucial. En changeant de périmètre, l'entrepreneur est forcément confronté à des conditions de marché et à une concurrence différentes auxquelles il doit s'être préalablement préparé pour maximiser ses chances de succès.

Leviers de développement

Afin d'être en mesure de se développer sur le périmètre choisi, l'entreprise doit nécessairement prendre appui sur ses atouts les plus forts pour faire face à sa concurrence. Ces leviers de développement peuvent prendre deux formes différentes.

Des avantages concurrentiels

En cohérence avec la théorie de Michael Porter, ces avantages peuvent être de deux natures :

– Coût : l'entreprise dominant ses concurrents en coût de production peut donc pratiquer des prix plus bas qu'eux.

– Valeur : l'entreprise représente pour le client à travers son offre et/ou sa marque une valeur supérieure à celle de ses concurrents, valeur que celui-ci est prêt à payer au prix fort.

Une force de frappe commerciale

Trop souvent négligé par les entrepreneurs, cet élément constitue souvent le nerf de la guerre. En effet, une offre pas forcément plus performante en termes de coût ou de valeur que celle des concurrents, mais portée par une force de frappe commerciale supérieure, peut obtenir de meilleurs résultats.

Allocation des ressources

L'entrepreneur dispose de ressources (temps, hommes, compétences, argent). Il s'agit là de ses ressources de départ, générées en cours d'exploitation par son business model, ainsi que des ressources externes (financements, alliances, partenariats, sous-traitance, etc.).

Au fil de la vie de l'entreprise, les choix stratégiques de l'entrepreneur sont donc essentiellement des arbitrages sur l'allocation des ressources, par exemple : vaut-il mieux envisager l'ouverture d'une filiale à l'international (extension du périmètre de développement sur la dimension «territoires»)? Ou n'est-il pas préférable d'effectuer une étude marketing afin de mieux comprendre les attentes de la clientèle pour adapter son offre en conséquence et, ainsi, renforcer sa valeur (renforcement de la puissance d'un avantage concurrentiel)?

Offre et business model

Véritable générateur de ressources pour le développement de l'entreprise, le choix du business model s'avère fondamental. En effet, sans un bon business model, peu de ressources sont générées. Se ressent alors le manque de «carburant» pour soutenir le développement. Le business model est par ailleurs intimement lié à l'offre : sa «mécanique» de génération de revenus ne peut se déclencher que si l'offre séduit le client et qu'il l'achète.

Depré d'autonomie dans le développement

Certains choix de développement ne sont possibles pour l'entrepreneur que s'il envisage l'apport extérieur de tiers (financiers, partenaires, sous-traitants, etc.) complétant ses propres ressources, par essence limitées au démarrage de son activité. En revanche, le choix de l'autonomie totale se paie nécessairement par un potentiel de développement plus restreint.

Calendrier de développement

Enfin, l'entrepreneur doit positionner dans le temps ses différents choix. En effet, même s'il est susceptible de se doter rapidement d'une vision de son développement à terme (être présent par exemple à la fois en France et à l'international, avec deux gammes de produits sur des réseaux de distribution différents), il ne peut vraisemblablement pas atteindre cette vision en une seule fois. Il doit forcément suivre des étapes pour y parvenir, par exemple :

– Année 1 :

• viser un périmètre avec un seul produit ;

• sélectionner un type de clientèle spécifique ;

• se cantonner à l'échelle d'un département ;

• se limiter à un réseau de distribution spécialisé.

– Année 2 : investir dans l'amélioration de ses coûts de production.

– Année 3 : lancer une nouvelle gamme de produits sur un réseau de distribution grand public.

Ainsi, ce modèle stratégique entrepreneurial, à partir de six choix fondamentaux, permet à l'entrepreneur d'alimenter la construction de la vision de son développement. En énonçant ces choix, en y associant des objectifs et des moyens pour les réaliser, il est déjà en phase de structuration de son futur business plan.

21 Code de la route stratégique

L'illusion de la liberté stratégique

Au démarrage de la réflexion sur son projet, l'entrepreneur croit jouir d'une liberté de mouvement stratégique totale. Or, le modèle présenté précédemment a remis en évidence la nécessité d'une référence permanente à la concurrence dans l'éclairage des orientations stratégiques de l'entreprise. Même si, en dernier ressort, l'entrepreneur est décisionnaire, ses choix s'avéreront en effet plus ou moins risqués en fonction de sa position par rapport à la concurrence. À lui de mesurer ces risques et de décider s'il est prêt à les assumer…

Un choix limité de leviers de développement

L'avantage concurrentiel « coût »

La « loi d'expérience », définie par le Boston Consulting Group dans les années 1960, ne place pas la jeune entreprise en position favorable sur le marché. En effet, arrivée la dernière, elle dispose rarement des coûts les plus bas face à des concurrents plus anciens. Elle peut donc difficilement construire son développement au moyen de ce levier, sauf dans le cas où elle est porteuse d'une nouvelle technologie créatrice de rupture apte à révolutionner le marché. Le fait de ne pas privilégier ce levier ne doit cependant pas l'empêcher d'y allouer des ressources (investissements en production, recherche permanente d'économies, chasse aux «gâchis», etc.) pour rattraper son «retard» face à la concurrence.

L'avantage concurrentiel «valeur»

La valeur de la marque de l'entreprise ne peut rivaliser avec celle de concurrents déjà en place depuis longtemps. Là encore, si ce levier n'est certes pas efficace au démarrage de l'entreprise, il est fondamental pour l'entrepreneur de prendre conscience de son importance pour l'avenir et de commencer à investir sur sa marque (logo, communication…, voir focus 5). En effet, la valeur de toute marque se crée sur la durée. Cet investissement centré sur la marque, initié dès le début du projet, sera donc un atout pour mieux résister demain à l'arrivée de nouveaux entrants sur le marché.

La valeur de l'offre : sur ce levier crucial de l'entreprise en démarrage, le handicap de départ est certainement le moins aigu. Il s'agit pour l'entreprise de renforcer la valeur de son offre auprès de ses clients. Dans cet objectif, il est souvent nécessaire d'investir en études marketing (pour mieux cerner les attentes), en design (pour mieux séduire), en performance produit, en recherche et développement, en qualité, et en services. Toutefois, cet investissement n'est pas, là, seulement financier : c'est aussi, et surtout, une question de créativité.

L'axe de travail permanent de l'entrepreneur doit être de comprendre, voire de deviner, les attentes réelles de son client (ou même de les devancer), de percevoir la valeur qu'il attend. Seule la finesse de cette compréhension lui permettra d'investir à bon escient sur ce levier et de réaliser des performances supérieures à celles d'entreprises disposant de moyens plus importants, mais ayant perdu le client de vue.

La force de frappe commerciale

C'est là aussi pour l'entrepreneur un levier à ne pas négliger. Beaucoup d'entrepreneurs surinvestissent en effet sur la préparation et l'adaptation de
leur offre au marché, certes nécessaire. Cependant, noyés par cet effort, ils
oublient parfois l'importance du champ commercial. Or, c'est leur performance
commerciale qui fera «tourner» demain leur business model et c'est sur elle que
reposera en grande partie le succès de leur entreprise. En termes de moyens,
l'entrepreneur peut bien entendu difficilement lutter, sur le même marché, face
à l'impact des 10 vendeurs de la concurrence. Cependant, se former aux techniques commerciales, se doter d'indicateurs mesurant la performance dans ce
domaine pour y progresser en permanence (voir focus 4), allouer le temps
nécessaire à la prospection, font partie des investissements nécessaires de tout
entrepreneur.

Un code de la route stratégique à respecter

La valeur de l'offre et la force de frappe commerciale constituent donc les deux leviers principaux sur lesquels l'entreprise en démarrage doit se focaliser (sans toutefois négliger les autres) pour construire son développement. Toutefois, le choix du périmètre sur lequel s'opère ce dernier a lui aussi son importance. Au départ, compte tenu de ses ressources limitées, l'entreprise ne pourra vraisemblablement pas travailler sur un périmètre important (et n'y aura pas intérêt). Elle aura généralement moins de produits, par définition encore peu ou pas de clients et opérera sur une zone géographique plus limitée que ses concurrents. Les mouvements qu'elle aura intérêt à initier à partir de cette position de départ sont illustrés dans le schéma suivant et dictés avant tout par un bon sens stratégique, parfois perdu de vue par l'entrepreneur, emporté par le souci de développement de son entreprise.

Ainsi, selon ce code de la route déterminé par référence à la concurrence, il vaut mieux étendre son périmètre une fois mis en place des leviers de développement suffisamment puissants. En effet, vouloir ajouter de nouveaux produits, de nouveaux clients, de nouveaux territoires (par peur du vide ou parce que «l'herbe est plus verte ailleurs»), sans avoir les moyens d'être meilleur que ses concurrents sur un nouveau périmètre plus étendu que le leur, tient de la fuite en avant. Cette approche ajoute alors des coûts de gestion, de développement, de coordination, etc., et par là même un niveau de risque souvent fatal à l'entreprise.

Une voie de développement adaptée passe donc d'abord par un renforcement de la puissance des leviers de développement de l'entreprise sur un périmètre réduit (1 : être le meilleur du quartier), puis d'une extension progressive de ce périmètre quand la puissance des atouts de l'entreprise face à la concurrence le permet (2 : le meilleur du département, du pays, du monde).

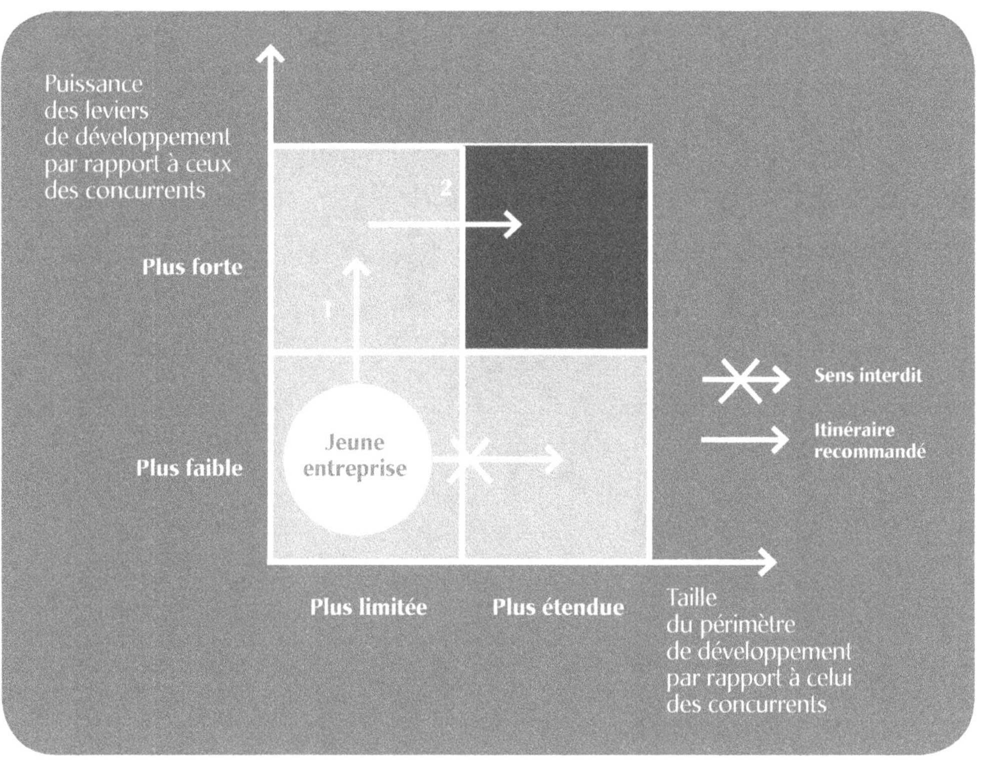

Schéma 9 - Le Code de la route stratégique

La vision de l'entreprise

Avec la mission, l'entrepreneur a défini la teneur de son entreprise. Avec la vision, il va définir les balises du devenir de son entreprise. Les définitions stratégiques classiques de la vision évoquent souvent un état futur souhaité de l'entreprise. Les entreprises figées sur cette simple photo du futur se cantonnent à des définitions creuses de visions, souvent interchangeables d'un concurrent à l'autre («devenir l'opérateur de référence du marché du…», «devenir une e-entreprise», etc.).

Vision entrepreneuriale

Elle puise ses racines dans les motivations, l'expérience et l'univers de l'entrepreneur. C'est une représentation de sa future entreprise, de ses produits ou services sur le marché ainsi que du type de structure et de gestion à mettre en place pour la réalisation et la réussite de son projet. On parle souvent de vision stratégique.

Pour insuffler à la vision une réelle utilité pratique dans le guidage de l'entreprise, l'entrepreneur ne doit pas se contenter lors de sa définition d'un vague objectif final : le but est en effet indissociable du chemin. Afin d'éviter d'apparaître comme un vœu pieux, incantation sans fondement émaillant les business plans, cette vision doit par conséquent être construite en association étroite avec les premières grandes lignes de la stratégie permettant de la réaliser. Aussi, par le terme de vision, entendrons-nous ici «vision du développement de l'entreprise».

Travailler sa vision, c'est pour l'entrepreneur répondre à trois interrogations majeures l'amenant à construire un but et une stratégie *a priori*. Toutefois, le but comme la stratégie peuvent évoluer dans les phases suivantes du processus entrepreneurial, puis au cours de la vie même de l'entreprise. Travailler sa vision, c'est, malgré tout, être capable de dire : «*À ce stade de ma réflexion, je vois ainsi l'avenir de mon entreprise, et la façon de m'y prendre pour le concrétiser est parfaitement claire pour moi.*»

Quelle ambition pour l'entreprise ?

L'ambition fixée à l'entreprise (souvent mesurée en termes de taille, de niveau de chiffre d'affaires, de leadership ou de reconnaissance sur le marché) est au fondement de la vision. Le niveau de cette ambition détermine le saut à réaliser par rapport à la situation de départ et influence la nature du développement à construire pour le réussir : rester un simple commerce de quartier ou ambitionner de devenir un leader international de la franchise de ce type de commerce n'implique bien entendu pas le même schéma de développement.

Quel développement pour l'entreprise ?

Le modèle stratégique entrepreneurial permet un travail structuré sur cette interrogation. En effet, en énonçant ses choix dans les différents champs de ce modèle, l'entrepreneur dessine le profil futur de son entreprise (périmètre

de développement) et les moyens à mettre en œuvre pour concrétiser ce profil (leviers de développement, ressources, offre et business model). Avec pour perspective une cible finale de développement («être une entreprise internationale», etc.), la réflexion sur les champs du modèle permet de tracer, à travers de grandes orientations stratégiques, un premier chemin pour l'atteindre.

Quels premiers grands objectifs pour l'entreprise?

Dans ce travail, l'entrepreneur doit cependant, là encore, dépasser la langue de bois stratégique. Il doit en effet prendre garde à ne pas rester à un niveau d'orientation trop général : «se développer à l'international» peut, certes, constituer pour l'entreprise une tête de chapitre de son futur business plan, mais ce souhait est insuffisant pour initier une réelle mise en mouvement.

Objectif

Résultat précis, mesurable, devant être atteint à une date donnée.

Pour faire jouer vraiment à la vision un rôle opérationnel, l'orientation donnée doit être complétée par des objectifs concrets et mesurables (avoir réalisé par exemple 2 millions d'euros de chiffre d'affaires aux États-Unis en 2012). La formulation de ces objectifs permettra alors de poser les bases d'un premier pont entre la stratégie et le futur système de pilotage de l'entreprise : définir et mesurer des objectifs s'avère donc un acte fondamental.

Vision et objectifs : le cas Subway

Cette chaîne américaine de restaurants de sandwichs détentrice, à ce jour, de plus d'emplacements aux États-Unis, au Canada et en Australie que McDonald's, a débuté comme une micro-entreprise. En 1965, Fred DeLuca a ouvert, à Bridgeport dans le Connecticut, avec un associé et 1 000 dollars, un premier restaurant de sandwichs. L'*ambition* initiale du projet résidait seulement pour lui dans le financement de ses études. Suite au succès de ce premier restaurant, les deux associés ont alors défini une *vision* de développement d'autres restaurants sur le même modèle. Leur *objectif*, associé à cette vision, était 32 restaurants en 10 ans. Or, cette première vision n'a pas été réalisée car, en 1974, 16 restaurants seulement avaient été fondés… À partir de cette date, leur vision a évolué, notamment au niveau du business model. Ils ont choisi de vendre à des investisseurs leur savoir-faire de la vente de sandwichs, *via* la franchise. Ce nouveau business model a conduit à un nouveau changement d'échelle, de vision et d'objectifs. Le succès était au rendez-vous : en 2010, l'entreprise dispose d'un réseau de 33 252 restaurants en franchise dans 91 pays.

Source : adapté d'informations recueillies sur le site Internet de Subway.

La vision, au-delà de la stratégie

Comme pour la mission, une vision travaillée en profondeur dépasse donc les aspects purement stratégiques et s'ancre déjà dans l'opérationnel. Elle pose en effet rapidement les questions des objectifs matérialisant sa réalisation et de la cohérence de ces objectifs avec les ressources de l'entreprise.

Comme synthèse de la stratégie, la vision présente également des applications très concrètes pour l'entreprise, notamment dans le cadre de présentations des grandes lignes de son développement à des publics externes comme internes (agences de publicité, actionnaires, journalistes, personnel, etc.). Là encore, les liens avec la dimension communication du système entrepreneurial sont fondamentaux : une vision exprimée de façon floue amènera les publics concernés à juger la stratégie peu convaincante. Ils penseront que l'entreprise ne sait pas où elle va.

Travaillée en amont du processus entrepreneurial, la vision permet également à l'entrepreneur de cerner les zones d'interrogation à analyser plus précisément, un peu plus tard, lors de l'étude de marché : se développer comme prévu, est-ce aussi simple et profitable qu'il l'a imaginé ? Devra-t-il changer de chemin, d'objectifs, de vision ?

Comme la mission, la vision peut donc évoluer dans le temps. Il est essentiel de savoir la réévaluer régulièrement et non de s'acharner à suivre une direction peu favorable au développement de l'entreprise. L'agilité fait partie des gènes de la petite entreprise…

interview filmée de David Loury,
Cobalt Aircraft

23 Élaborer la stratégie

Lors du travail réalisé autour de la mission et la vision, l'entrepreneur a amorcé une réflexion stratégique sur la base de l'opportunité identifiée. Cette première phase de réflexion est illustrée par le schéma 10 ci-dessous.

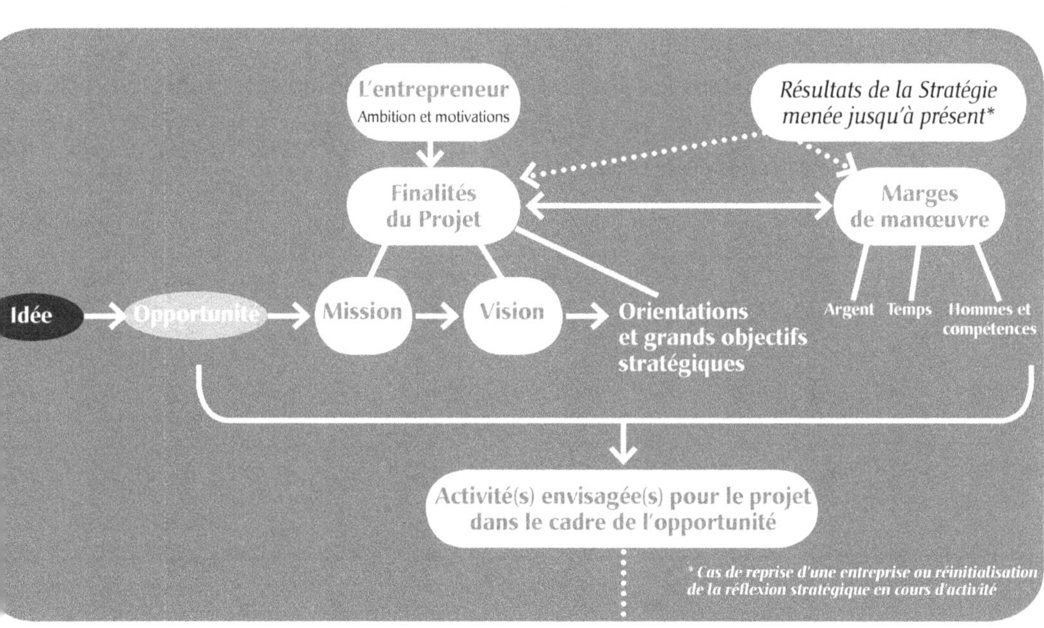

Schéma 10 - L'amont de la réflexion stratégique

L'amont de la réflexion

Dans le cadre de cette réflexion, l'entrepreneur s'est contraint à répondre à des questions clés autour de son projet même sans disposer encore d'éléments factuels pour étayer ses réponses. Ce premier cap passé, sa route est tracée ou du moins esquissée. Lors du passage de ce cap, il a bien entendu été influencé par la dimension de son ambition et de ses motivations propres. En tenant compte des marges de manœuvre à sa disposition, il a pu aussi être amené à réduire l'ambition rêvée de son projet.

Dans le cas d'une reprise (ou lorsque l'entrepreneur réactualise sa stratégie après un premier temps d'activité), cette première orientation est également influencée par les résultats de la stratégie menée jusque-là. En fonction de ces résultats concrets, les marges de manœuvre, voire les finalités de l'entreprise, pourront être modifiées.

L'analyse des résultats de cette stratégie peut être avantageusement réalisée au moyen des éléments résumés dans le fil rouge suivant. Cette analyse facilite la prise de décisions dans la suite du processus de réflexion stratégique. En l'occurrence, elle permet d'allouer les priorités d'investissement différemment, voire d'abandonner certaines activités.

Fil rouge

Analyse des résultats de la stratégie menée jusqu'à présent

- Chiffre d'affaires, coûts, marge, résultats générés par les produits et activités de l'entreprise.
- Familles de produits et activités rentables ou non.
- Familles de produits et activités en croissance ou en régression.
- Poids respectif de chaque famille de produits et activité dans le chiffre d'affaires et le résultat global de l'entreprise.
- Répartition géographique du chiffre d'affaires et de la rentabilité.
- Identification claire des priorités sur lesquelles ont été alloués les moyens (R&D, marketing, communication, outil de production, extension géographique, acquisition de nouvelles clientèles, pénétration de nouveaux réseaux de distribution, etc.).
- Facteurs ayant entraîné la croissance (ou la régression) du chiffre d'affaires : évolution des prix ? Évolution des volumes ?

Analyse stratégique par activité

La réflexion en amont permet à l'entrepreneur d'identifier et de cadrer une ou plusieurs activités susceptibles d'être développées à partir de son opportunité. Il doit donc à présent approfondir sa réflexion, en analysant ces activités afin de définir si les premières orientations sont réellement viables. Il s'agit d'évoluer du «*je pense que*» au «*je sais que*».

Pour mener à bien cette analyse stratégique à partir de l'étude de marché, il doit suivre les points synthétisés dans le schéma suivant. Les outils spécifiques à l'étude de marché sont décrits plus précisément dans le module 26.

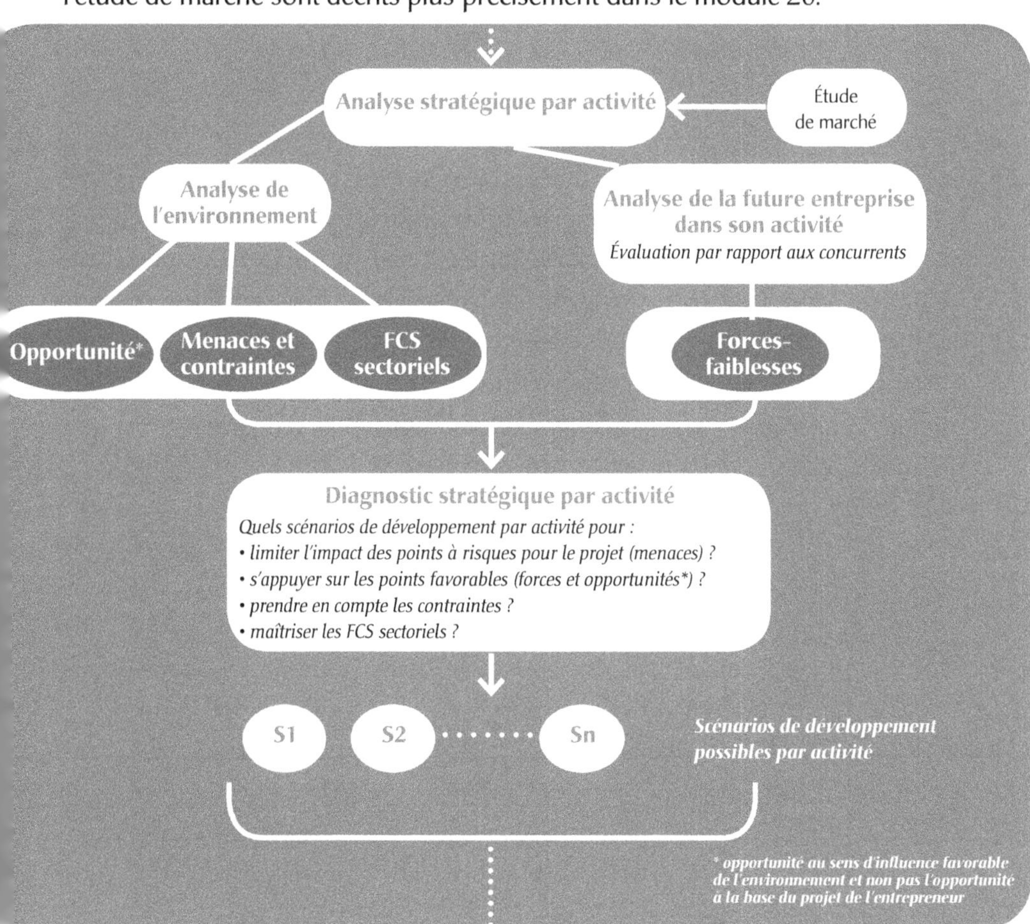

Schéma 11 - L'analyse stratégique par activité

Une double analyse doit être effectuée pour chaque activité. L'entrepreneur doit évaluer :

• l'attrait réel de l'environnement dans lequel il compte exercer cette activité ;

• les forces et faiblesses de son projet face aux concurrents en place.

L'analyse de son environnement lui permet de faire apparaître des éléments favorables (opportunités), d'autres plus négatifs (menaces), des contraintes à respecter (réglementations pour l'exercice de certaines activités, etc.) et des facteurs clés de succès (FCS) à maîtriser.

> ### Facteur clé de succès (FCS)
>
> Élément que l'entreprise doit maîtriser pour réussir sur un secteur donné, (par exemple, la logistique comme facteur clé de succès sur le secteur du e-commerce).

La confrontation de ces deux analyses (environnement et évaluation par rapport à la concurrence) permet à l'entrepreneur de dégager un diagnostic stratégique pour orienter les stratégies possibles par activité. Ces dernières s'expriment à travers des scénarios de développement sur lesquels un arbitrage sera nécessaire dans les phases suivantes de la réflexion stratégique.

Pour plus de clarté, le fil rouge suivant illustre la structure classique d'un scénario de développement (voir module 28). Le business model en constitue l'un des éléments centraux, notamment en termes de ressources générées.

> ### Fil rouge
>
> **Le contenu d'un scénario de développement**
>
> - Une mission : métier(s), clientèle(s), marché(s), cible(s), valeurs.
> - Une vision : ambition, périmètre de développement, leviers de développement, choix d'allocation des ressources, etc.
> - De grands objectifs et résultats attendus soutenant la vision.
> - Des outils et moyens pour se développer conformément à la vision : business model, offre (produit, prix, distribution, communication), ressources nécessaires.
> - Les grandes lignes d'un calendrier de développement : quelles priorités ?

Élaboration de la trajectoire de développement

Dans cette phase décrite par le schéma suivant, l'entrepreneur est confronté à des choix stratégiques. Il s'agit d'évaluer la pertinence des scénarios de développement identifiés lors de la phase précédente et d'élaborer, à partir de ces choix, la trajectoire de développement de son entreprise.

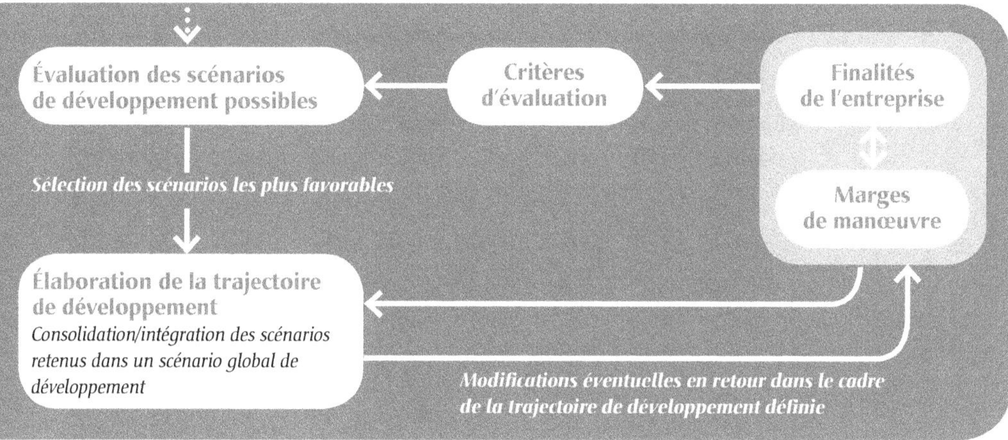

Schéma 12 - L'élaboration de la trajectoire de développement

À l'issue de ce processus d'élaboration de la stratégie, l'entrepreneur dispose donc d'une trajectoire de développement concrétisée par un scénario global. Finalement, le business plan est simplement la formalisation de ce scénario et de l'analyse ayant permis de le construire. Toutefois, l'entrepreneur doit prendre conscience des différentes étapes à franchir dans le cadre de ce processus d'élaboration de sa stratégie. En effet, le recueil des données nécessaires à ses analyses et à ses décisions aux différentes étapes doit avoir été prévu lors de son étude de marché.

Interview
Gregory Eustache, créateur de Intuisphère, productrice du logiciel Web Acappella (www.intuisphere.fr - www.webacappella.fr)

– Racontez-nous votre aventure…

La société Intuisphère a été créée en 2005 autour de l'idée de concevoir des logiciels proches des utilisateurs. Mon expérience du monde informatique des banques m'a fait saisir l'importance de me mettre à la place des utilisateurs pour imaginer des logiciels vraiment adaptés à leurs besoins. Le logiciel Web Acappella permet ainsi de créer soi-même un site Internet sans connaissances informatiques particulières.

– Combien de sites ont-ils été créés avec ce logiciel ?

En cinq ans, nous avons eu 20 000 utilisateurs en version payante, mais nous estimons à 150 000 ou 200 000 le nombre d'utilisateurs de la version gratuite.

– Avez-vous un profil type de clients ?

Mon objectif de départ était de répondre à des demandes d'artisans ou de PME. Ils doivent pouvoir mettre en ligne ce qu'ils ont dans la tête, modifier aisément leur texte, sans être tributaire d'un prestataire extérieur en position de force vis-à-vis d'eux. Ce type d'outil s'adapte aussi parfaitement au e-commerce. Beaucoup de nos clients l'utilisent également pour communiquer sur une passion.

– Quelle technologie avez-vous choisi ?

Une technologie norvégienne nous a permis d'être compatibles simultanément sous Windows et Mac, sans obligation de développer séparément le produit.

– Comment avez-vous débuté votre activité ?

Il a fallu d'abord développer le logiciel pendant deux ans tout en étant alors salarié. C'est long la création d'un logiciel. Il m'a fallu beaucoup anticiper afin de ne pas avoir à reconsidérer l'architecture d'ensemble. Il est à conseiller de bien tester ainsi le concept avant de se lancer officiellement. Après six mois de mise en ligne gratuite du logiciel, un forum m'a permis d'avoir des retours encourageants : c'est magique de voir ce que des utilisateurs passionnés sont capables de faire avec cet outil. La phase de test passée, j'ai pu me lancer…

– Quel est d'après vous le principal écueil d'une création d'entreprise ?

La lourdeur administrative. Le soutien d'un cabinet d'expert-comptable, pour une somme relativement modique, m'a permis de rester centré sur mon cœur de métier sans subir les affres administratives, en me consacrant pleinement à ma passion de la conception.

– Quand avez-vous embauché votre premier salarié ?

Au bout d'un an. Il s'est vite attaqué à l'international et a permis d'accroître très vite la notoriété de l'entreprise : les ventes ont décollé sur la version payante. Il consacre en outre environ une demi-heure par jour à faire de la veille concurrentielle. Il faut en effet extrapoler sur ce que deviendront les prochaines interfaces dans 3 ou 5 ans. Celles-ci sont décidées par les grands, Apple ou Microsoft, avec beaucoup de marketing. Leurs choix politiques dictent nos choix de demain, même si ce ne sont pas toujours, dans l'absolu, les meilleurs choix.

– Avez-vous communiqué différemment à l'international ?

Nous avons tout d'abord fait traduire le logiciel en 5 autres langues que le français : anglais, allemand, portugais, espagnol et roumain, à raison d'environ 700 euros par langue. Grâce à ces traductions, nos ventes ont nettement progressé, en particulier au Brésil. On a tort de croire que l'anglais suffit à toucher largement le monde entier : communiquer dans la langue du pays en tenant compte de la culture locale est indispensable. Notre prochain logiciel, celui que nous allons lancer en fin d'année, sera traduit en 10 langues.

– L'idée géniale de départ est-elle une nécessité ?

Non. L'idée révolutionnaire est un mythe. C'est souvent par la construction progressive à partir d'une idée existante que l'on aboutit à une grande réalisation.

Le business model

Le business model ou modèle économique se situe au cœur de la stratégie du projet. Par son rôle de générateur de revenus et de profit, il en est l'un des principaux moteurs de développement.

Le business model : moteur du développement

La notoriété du terme de business model est étroitement liée à la première bulle Internet des années 2000, quand des start-up (Amazon, etc.), perçues alors comme des ovnis par les tenants de l'ancienne économie, devaient expliquer à des investisseurs déboussolés comment elles allaient réussir. Tel un sésame à dimension magique, le business model était censé ouvrir les portes du financement, sorte de clé de voûte des business plans de l'époque, dont beaucoup d'ailleurs n'ont pas résisté ensuite à l'épreuve de la réalité.

Définition

Business model (ou modèle économique)

Mécanique permettant à l'entreprise de générer du profit à partir de son activité et de le planifier – par exemple, le modèle économique des constructeurs de chaudières consiste à vendre l'équipement pratiquement à perte et à réaliser la marge sur la vente de services (entretien).

Au-delà du terme en lui-même, l'idée qu'il exprime est simple et pragmatique : une entreprise a pour vocation de faire du profit. Le business model décrit la façon dont elle va s'y prendre pour y parvenir. Tout épicier de quartier dispose donc lui aussi de son business model : acheter au mieux pour revendre plus cher à sa clientèle et dégager du profit en optimisant ses coûts d'exploitation.

Quatre questions clés permettent de revenir aux fondamentaux du business model pour un entrepreneur.

Qu'est-ce que je vends ?

Au-delà du caractère propre à l'offre proposée (produit, service, etc.), c'est bien de la nature de l'échange instauré avec le client dont il s'agit. Est-ce que je vends la possession d'un bien (vente produit) ? La possession d'un bien isolé ou accompagné de consommables ou services ? Un droit d'utilisation de ce bien (location) ?…

Comment je vends ?

Le choix du réseau de distribution peut bien entendu produire un impact sur le niveau de profit (marge à laisser aux intermédiaires éventuels…). Au-delà de cette dimension de commercialisation, l'organisation interne tout entière de l'entreprise influence

le business model. Ainsi, une entreprise à la logistique très performante peut vendre plus cher ses produits, livrés plus rapidement que ceux de ses concurrents. Les modalités de la transaction réalisée avec le client ont aussi leur importance : vendre sous la forme d'abonnement permet à une entreprise de bénéficier, sur la durée, de revenus prévisibles et récurrents, parfois plus rassurants que le profit de ventes ponctuelles plus aléatoires dans le temps.

À qui je vends ?

Le choix de la cible de clientèle est un élément déterminant pour le business model. Ainsi, les entreprises de luxe prestigieuses réalisent-elles leur profit en vendant certes peu de produits, mais à un prix très élevé destiné à une cible très étroite à très hauts revenus.

Avec quel niveau de profit ?

Ce résultat est bien entendu lié aux choix précédents. Dell peut ainsi réaliser ses profits en vendant des ordinateurs (qu'est-ce que je vends ?) peu chers à une cible très grand public (à qui je vends ?). C'est possible, parce qu'en termes d'organisation, cette société vend en direct, supprimant ainsi les coûts des intermédiaires classiques de la distribution informatique (comment je vends ?). Il est à noter aussi que le profit issu du business model peut également être partagé, notamment dans le cas d'offres construites en partenariat, comme illustré ci-après.

En pratique

Le cas Senseo : un business model basé sur un partage du profit entre partenaires

En 2003, la Société Douwe Egberts (Groupe Sara Lee, marque Maison du café en France) a lancé sur le marché français une cafetière à dosettes, Senseo. Douwe Egberts fournissait le café et Philips devait produire la cafetière. Le business model reposait sur la vente d'une cafetière à très bas prix, apte à séduire une clientèle très grand public, le profit se réalisant sur la vente des dosettes. Or, pour offrir un prix de cafetière suffisamment attractif, Philips devait vendre à perte. Commissionné sur la vente des dosettes dans le montage du partenariat, Philips a compensé largement les pertes liées à la fabrication des cafetières. Le projet a donc pu voir le jour...

L'offre : la face visible du business model

L'offre occupe une place de choix dans la stratégie de la jeune entreprise. Comme évoqué précédemment, la valeur de cette offre est l'un des rares leviers de développement à sa disposition. Cette valeur fait finalement la différence face aux offres concurrentes. Sans elle, l'entreprise entre dans une spirale infernale : absence de séduction du client, de facteur déclenchant l'achat, d'activation de la mécanique du business model, de revenus, de profit, d'activité. Travailler la valeur de son offre s'avère donc *vital* pour l'entrepreneur. Or, y parvenir avec succès passe par trois prises de conscience.

L'offre doit aller au-delà du produit

Même si sa transaction avec l'entreprise peut se réduire à l'aspect comptable d'un prix versé, le client acquiert finalement beaucoup plus dans cet acte d'achat, comme l'illustre le fil rouge suivant.

> **Fil rouge**
>
> **Qu'achète vraiment le client ?**
>
> - **Caractéristiques du produit** : performance produit, durabilité, conformité aux spécifications, qualité, etc.
> - **Adaptation à la demande** : variété des produits disponibles, customisation, flexibilité (emballage et quantités adaptables, etc.), exclusivité sur certains produits, etc.
> - **Compétence technique et savoir-faire** : support technique, puissance de la R&D, partenariat dans l'élaboration du produit avec le client.
> - **Qualité du service** : recyclage, qualité et précision de la documentation (modes d'emploi, etc.), réponse rapide aux problèmes techniques et commerciaux, etc.
> - **Efficacité commerciale** : facilité d'accès à un interlocuteur responsable, compréhension et connaissance du client.
> - **Performance logistique** : délais de livraison, respect des dates et du contenu des livraisons, flexibilité (capacité à modifier les quantités et la composition d'une commande, etc.).
> - **Sérieux des aspects réglementaires et normes** : ISO, etc.
> - **Attirance liée à une image** : image de l'entreprise, de la marque, du produit, etc.

Cette connaissance de la valeur attribuée par le client à ces différents éléments permet à l'entrepreneur d'optimiser, avec le temps, la valeur de son offre. Il renforce alors les éléments les plus valorisés par le client et en allège, voire en supprime, d'autres.

L'offre doit être cohérente

Cette cohérence doit s'exprimer entre les différents éléments qui la matérialisent : le produit, mais aussi son prix, sa présence dans certains réseaux de distribution et sa communication. Ces éléments sont souvent considérés par le marketing comme des leviers séparés, composant le «marketing mix».

Marketing mix ou « 4 P »

Les « 4 P », *Product* (produit), *Price* (prix), *Place* (distribution) et *Promotion* (communication), regroupent ensemble des leviers permettant de définir et de mettre en œuvre la politique marketing de l'entreprise.

Toutefois, pour renforcer la cohérence entre ces éléments, nous préférons considérer l'offre elle-même comme un système *regroupant* ces différents éléments, tous interdépendants. Cette unicité amène l'entrepreneur à penser son offre globalement en envisageant *simultanément* ces différents éléments, renforçant ainsi la cohérence d'ensemble. Ce type d'approche peut lui éviter en l'occurrence de construire des outils de communication inadaptés au circuit de distribution visé…

L'offre doit être une prise de position

L'offre est avant tout une *construction volontariste* de l'entrepreneur. C'est à lui de choisir les aspects à mettre en avant pour la singulariser sur le marché. Or, même si elle dépend étroitement des conditions de ce dernier, elle ne saurait uniquement en découler, en particulier par une trop grande similitude avec

des offres concurrentes. En effet, pour acquérir une réelle valeur aux yeux du client, l'offre doit manifester clairement son «plus», sa différence par rapport aux concurrents : ce sera là son positionnement.

Business model et offre sont donc bien les deux faces d'un même outil, indispensable au développement de l'entreprise. En tant que vitrine, l'offre séduit le client par la valeur affichée et lui donne l'envie d'acheter (souvent plus qu'un produit). Le business model est, quant à lui, l'arrière-boutique favorisant le déclenchement de la mécanique de revenus et de profit à travers la transaction réalisée avec le client. Afin de contribuer de façon optimale au développement de l'entreprise, tous deux doivent avoir été pensés en symbiose.

Interview

Antoine Gentil, cofondateur de la société de services à la personne Baby-Speaking (www.baby-speaking.fr)

Cette entreprise propose une immersion linguistique à domicile des tout-petits aux préadolescents. Les baby-sitters, natifs de la langue choisie, effectuent leur garde en incluant une dimension pédagogique.

– Quel est votre business model ?

À la création de l'entreprise, nous étions étudiants. Notre business model : service à domicile avec paiement anticipé pour faire entrer de la trésorerie rapidement. L'aspect budgétaire était en effet très important. C'était pour nous un point crucial. Le service à domicile résout aussi les problèmes de frais de locaux.

– Quels réajustements avez-vous opéré par la suite sur le terrain ?

Nous n'avions pas suffisamment creusé en amont l'aspect facturation. *A priori*, l'idée d'un logiciel de télégestion, renseigné par les intervenants, nous a paru une bonne solution. Or, elle s'est révélée peu performante à l'usage. Le mode de facturation a dû être rapidement changé : nous avons finalement choisi des ventes de carnets avec coupons papier, plus classiques, mais beaucoup plus efficaces !

– Quelle a été votre démarche ?

Notre offre s'est construite progressivement. Nous sommes d'abord partis d'une idée : l'importance pour les enfants d'être très tôt en immersion linguistique pour forger leur oreille à une langue étrangère et profiter du temps d'absence des parents pour proposer un baby-sitting à dimension pédagogique, en anglais, en allemand, en chinois ! Pour offrir une valeur ajoutée et une vraie qualité, nous sommes allés plus loin et avons créé, avec deux experts, notre méthode spécifique, basée sur des jeux, des visuels, des comptines, etc. Une vraie mallette pédagogique pour nos intervenants. La langue anglaise étant la plus demandée (95 % des cas), c'est donc à partir de l'anglais que nous avons modélisé notre approche pédagogique.

– Auriez-vous pu procéder autrement ?

Oui, si nous devions remettre les compteurs à zéro, nous serions davantage partis des besoins des clients, des parts de marché à prendre... Nous aurions dû tester notre offre sur un panel de familles, en proposant des prix réduits pour voir, pour juger des réactions. Malgré tout, cette approche, nous l'avons eue, mais plus tard... Rétrospectivement, on se rend compte qu'on a eu de la chance : notre offre actuelle correspond à un réel besoin, mais cela aurait pu ne pas être le cas !

– Comment faites-vous évoluer votre offre ?

Nous sommes de plus en plus à l'écoute des besoins de nos clients. Nous avons mis au point un système de remontée des informations par nos intervenants et nos clients. Nous rémunérons même quelques intervenants de temps en temps pour échanger dans « un focus groupe » de réflexion sur l'offre. On a pu ainsi créer le *kid-speaking* pour des enfants plus grands et le *teen-speaking* pour des préadolescents... Et pourquoi pas un de ces jours du *papy-speaking* ? L'offre, c'est une construction en étroite relation avec le client, basée sur une véritable écoute.

– Après dix-huit mois de fonctionnement, quels sont vos résultats ?

Pour la rentrée 2010, nous allons beaucoup recruter. Nous avons besoin d'une centaine d'intervenants (30 en 2009). Nous avons à présent 7 salariés permanents. Cela marche bien ; nous avons eu des échos dans la presse et allons pour la première fois pouvoir nous rémunérer ! Notre choix avait été celui d'un investissement à long terme.

L'étude de marché : principes

'étude de marché n'est pas un outil réservé à l'entreprise en création. En effet, de grandes entreprises, par l'intermédiaire de leur direction marketing, ou des cabinets d'études spécialisés, sont amenées à en réaliser régulièrement sur des périmètres variables (lancement d'un produit, étude du potentiel d'un nouveau marché géographique, etc.).

Spécificités du contexte entrepreneurial

Dans le cadre d'une jeune entreprise, l'étude de marché présente toutefois plusieurs spécificités :

– **Être un enjeu vital** : décisions stratégiques découlant de l'étude de marché susceptibles d'avoir un impact sur l'avenir du projet *dans son ensemble* et de déterminer sa poursuite ou son abandon.

À noter

La représentativité de l'étude en création d'entreprise reste un mirage, surtout sur des marchés grand public : le chiffre magique de 700 interviews (taille habituelle des échantillons utilisés pour les études d'opinion représentatives, de type sondages politiques) est hors de portée pour un entrepreneur. Lequel aurait réellement le temps et les moyens d'administrer et d'analyser 700 questionnaires (ou de sous-traiter une telle étude) ?

– **Partir de rien** : absence d'informations internes préexistantes (sauf dans le cas d'une reprise d'entreprise).

– **Ne pas avoir accès aux techniques des études de marché classiques** et par conséquent à leur précision.

– **Ne pas disposer des ressources suffisantes pour s'adresser aux prestataires traditionnels** (cabinets d'étude, etc.) : afin de compenser, le créateur s'appuie parfois sur certains prestataires moins coûteux (junior entreprises par exemple), mais leur intervention nécessite forcément une forte implication de sa part, tant dans le cadrage que dans le suivi de l'étude commandée. Il doit définir lui-même le cahier des charges, expliciter ses attentes et vérifier la qualité de la mise en œuvre des moyens nécessaires. Ainsi, même dans le cas d'un appui extérieur de ce type, la responsabilité de l'étude de marché repose avant tout sur lui.

Les champs d'investigation

En situation de création d'entreprise, certains organismes (ou financeurs) considèrent l'étude de marché comme un sésame. Or on n'entreprend pas d'étude de marché pour rien. Une étude de ce type doit répondre à des questions sur le développement envisagé pour l'entreprise. Le lien est donc étroit et permanent entre l'étude de marché et la stratégie. En effet, l'étude de marché permet de :

• contribuer à la construction de scénarios de développement (quelle offre : produit, prix, distribution, communication ? pour quel client ? Avec quels atouts face à la concurrence ?) ;

• rassembler des éléments concrets pour choisir entre ces différents scénarios afin de mieux évaluer les moyens nécessaires à leur mise en œuvre.

Même si la dimension marketing se trouve par définition au cœur de l'étude de marché, l'entrepreneur ne teste pas, dans le cadre de cette étude, uniquement une offre sur un marché face à une concurrence. Il s'agit là, et c'est un des aspects importants, de cerner les conditions de viabilité du projet dans son ensemble. Au-delà de la simple arène concurrentielle, le périmètre de l'étude doit donc être étendu à un environnement. Dans une perspective de synthèse, le schéma suivant décrit les grands champs d'investigation de l'étude de marché.

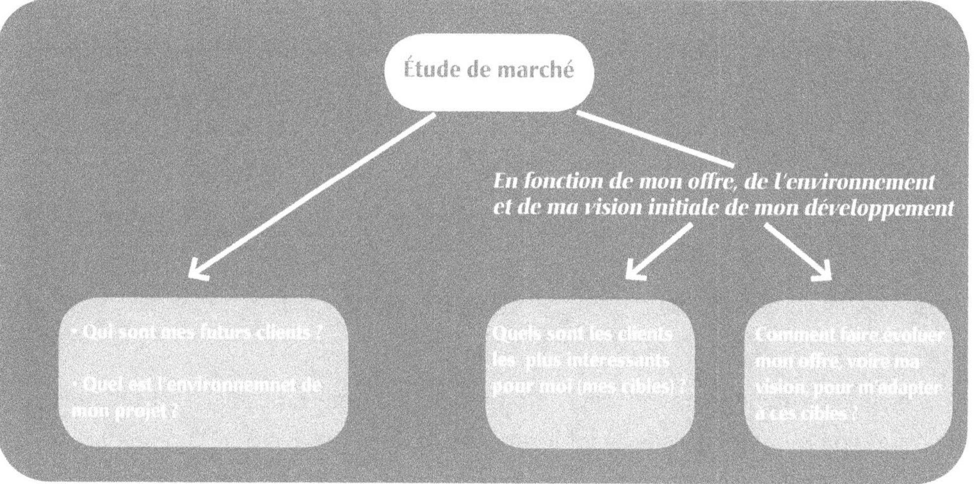

Schéma 13 - Les champs d'investigation de l'étude de marché pour l'entrepreneur

L'étude de marché est souvent présentée comme un moyen pour évaluer le potentiel du projet sur son marché, notamment à travers des volumes de ventes prévisionnels. Cette dimension est toutefois à considérer avec précaution, car le déclaratif officiel des clients est souvent très éloigné de la réalité de ses achats. Aussi, de grandes entreprises n'ont-elles pas hésité à réorienter leurs études vers des méthodes d'investigation plus centrées sur l'observation que sur l'interrogation des consommateurs. L'exemple suivant témoigne clairement de cet état de fait.

De l'étude de marché à la veille

Considérée généralement par l'entrepreneur comme une analyse ponctuelle, l'étude de marché réalisée avant le lancement de son activité est rarement réactualisée par la suite. Pourtant, lors de cette première étude, l'investissement est extrême. Il faut en effet partir de zéro pour trouver des sources d'information et prendre des contacts en terrain inconnu.

Dans la perspective d'une utilisation responsable de ses ressources, il devrait profiter de cette étude initiale pour passer d'une démarche ponctuelle à une véritable veille permanente sur son secteur, en maintenant actifs les domaines d'investigation ouverts à cette occasion. Très concrètement, les prospects contactés lors de cette étude deviendront peut-être ses premiers clients et les experts interviewés des prescripteurs actifs. Après cette première étude, l'environnement et le marché évolueront nécessairement : la capacité du créateur à suivre, voire à anticiper ces évolutions, déterminera ses chances de succès sur la durée.

– Quelle importance revêt la veille stratégique pour une petite entreprise?

C'est un radar pour repérer tous les signaux, afin d'avoir une longueur d'avance, pressentir tout ce qui bouge dans l'environnement. Cela permet d'orienter ses choix stratégiques. C'est anticiper dans le sens pur du terme. C'est très différent de l'étude de marché. La veille n'est pas une boule de cristal permettant de deviner les nouvelles tendances, mais offre les moyens de s'appuyer sur des données validées. Un veilleur doit en effet tout vérifier : la fiabilité est son maître mot.

– Comment l'exploiter?

À partir de signaux faibles reçus, le veilleur doit projeter ceux-ci en tendance lourde, par le biais de son analyse anticipatrice. Il peut ainsi repérer que là, les choses bougent, exercer sa vigilance. Une vision large, sociétale, est importante. Par exemple pour un designer, savoir tout ce qui évolue au niveau des couleurs, des formes, etc.

– Comment une PME peut-elle mener une veille à moindre coût?

L'information existe autour de nous, mais n'est pas toujours formalisée et exploitée. Il faut avoir la volonté de mettre en place quelques outils simples pour faire remonter l'information de son réseau de clients, de fournisseurs, et même de collaborateurs, qui, dans leur coin, la détiennent sans penser à la communiquer. C'est important de mettre ce dispositif en place pour croiser les informations et les analyser. Le chef d'entreprise doit se donner un cadre et s'y tenir. Il doit identifier les fils rouges qu'il souhaite suivre au milieu de cet océan d'informations car les recherches par Internet éloignent vite du fil par effet de rebond.

– Quid de la veille stratégique dans une PME?

Il faut dépasser l'idée reçue que la veille est réservée aux grands comptes. Il faut la démocratiser. Une étude faite en Aquitaine sur les TIC montre les réticences des PME à les utiliser. Elles auraient pourtant intérêt à dépasser leurs relations concurrentielles et à investir de manière collective sur la veille ; mais elles n'y parviennent pas. Les réseaux métiers ne vont pas jusque-là. Cette mutualisation de la veille est un cap à dépasser.

L'entrepreneur doit demeurer par conséquent très réaliste face aux vertus de l'étude de marché. En effet, aucune étude ne peut garantir à elle seule le succès : il est possible d'échouer en ayant réalisé une étude de marché… ou de réussir sans elle. Au même titre que la réflexion stratégique en général, elle peut cependant contribuer à maximiser l'impact de l'offre de l'entreprise sur le marché, tout en limitant les risques et les gâchis de ressources. Et c'est déjà beaucoup. Rien ne doit donc être considéré comme figé au moment de l'étude de marché. La vision initiale du développement du projet peut et doit encore évoluer à ce stade. Toutefois, la volonté d'adaptabilité nécessite d'avoir pris le temps de travailler cette vision avant de lancer l'étude et d'avoir également prévu le temps nécessaire après pour en exploiter les résultats. Se donner les moyens d'oser réviser son projet est par conséquent un impératif fort.

26

L'étude de marché : démarche et outils

Le type d'étude de marché réalisable par l'entrepreneur ne pourra préten-
dre, faute de moyens, à la représentativité statistique de ses résultats. Très
pragmatique pour cette raison, l'ajustement de la vision initiale du développement s'effectuera donc nécessairement par une démarche d'aller-retour
avec le marché, tant dans la phase d'étude que dans la phase de lancement de
l'activité. Grâce à ces allers-retours, l'entrepreneur pourra sécuriser son projet
et, une fois de plus, construire en marchant.

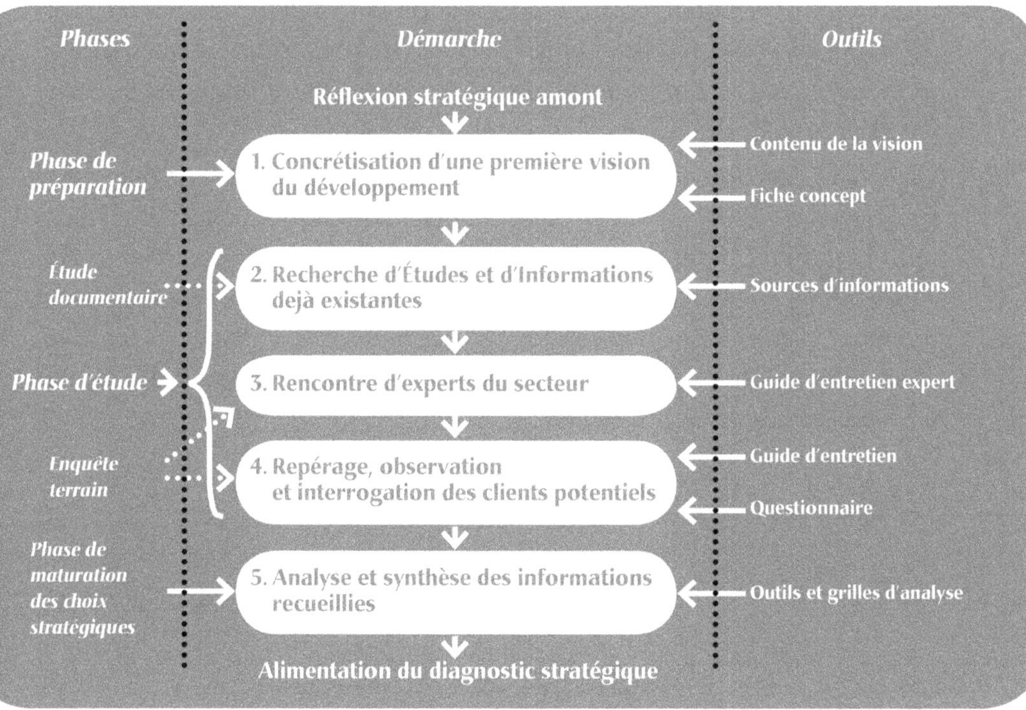

Schéma 14 - Une démarche structurée

La démarche d'étude de marché peut se répartir en trois grandes phases, chacune d'elles s'appuyant sur des outils spécifiques, comme précisé dans le schéma ci-dessus.

Préparation

Cette phase est essentielle. Trop d'entrepreneurs lancent leur étude de marché sans l'avoir véritablement préparée. Or, cette étude ne saurait être efficace que si l'entrepreneur a préalablement une vision claire du développement qu'il envisage et qu'il souhaite tester. L'élément clé évalué lors de celle-ci est, tout particulièrement, l'acceptabilité de l'offre par ses clients potentiels. Cette offre ne saurait bien entendu être figée à ce stade.

Tout l'enjeu consiste à présenter l'offre de manière objective en restant réaliste quant à son évolution future. La qualité attractive de sa présentation est également un facteur déterminant : un excellent schéma ou dessin est plus efficace qu'une mauvaise photo ou même un prototype bricolé. Il sera ainsi possible d'évaluer avec lucidité les résultats de cette partie de l'étude.

Cependant, l'entrepreneur doit formaliser le ou les concepts de cette offre pour les soumettre, lors de la phase d'étude, au regard des clients. Cette présentation (ou «fiche concept»), décrite dans le fil rouge suivant doit être particulièrement soignée et mettre en scène la future offre en la rendant presque réelle aux yeux des futurs clients. Mieux que par des discours, les clients sont alors en mesure de prendre position sur cette proposition concrète et de suggérer des évolutions pour améliorer l'offre initiale.

Étude

Dans un souci d'optimisation du temps et des ressources allouées à l'étude, cette phase se déroule progressivement. Ainsi, avant tout entretien terrain, il est habile pour l'entrepreneur de ne pas tout réinventer. Il est ainsi utile de s'appuyer sur une étude documentaire effectuée à partir de sources d'information variées (Internet, presse, syndicats professionnels, cabinets d'étude, etc.). L'entrepreneur y puisera les données susceptibles d'éclairer ses recherches sur le secteur envisagé (études déjà publiées, articles de presse, etc.). Puis la rencontre avec des experts (journalistes, distributeurs, etc.) renforcera sa vision de synthèse globale.

Après ce travail documentaire peut être abordée la partie véritablement terrain de l'étude, en identifiant, en observant et en interrogeant des clients potentiels de la future offre. Par souci constant de progressivité dans l'approche, l'entrepreneur réalisera d'abord quelques entretiens qualitatifs avec des clients pour les laisser s'exprimer avec beaucoup d'ouverture. Mais pour optimiser avec rigueur ces interviews, il est pertinent de se créer un guide d'entretien fixant les grands thèmes à aborder. Ces premiers échanges pourront être complétés par une étude plus quantitative par l'intermédiaire d'un questionnaire.

Quelles rubriques aborder pour trouver les informations clés ? Le fil rouge suivant permet d'en cerner les principales.

Fil rouge

Les informations clés de l'étude de marché

Sur le marché
- Comment se segmente-t-il (par produits, technologie, niveaux de gamme, prix, réseau de distribution, origine produit, type de clientèle)?
- Où en est-il de son évolution (nouveau marché, maturité du marché)?

Par segment :
- taille du marché (volume et valeur) ;
- tendance d'évolution (taux de croissance) ;
- taux d'équipement des clients avec les produits du marché ;
- renouvellement/premier achat ;
- durée de vie des produits du marché ;
- saisonnalité ;
- produits de substitution possibles ;
- innovations récentes ;
- tendance d'évolution des prix ;
- niveau d'intensité publicitaire (taille des budgets des acteurs) ;
- médias utilisés sur le marché ;
- discours dominants sur le marché.

Informations clés sur les clients et fournisseurs
- Distributeurs :
  Répartition (volume et valeur) du marché entre les différents circuits.
  Tendances d'évolution par circuit :
    - assortiments ;
    - poids des marques de distributeurs (MDD) ;
    - marges distributeur par circuit (coefficients, etc.) ;
    - niveau de coût prévisible pour l'entreprise en fonction du circuit choisi (remises, etc.) ;
    - attentes des distributeurs ;
    - mouvements de concentration dans le circuit ;
    - processus d'achat (dates de référencement, etc.) ;
    - politique de prix par rapport à la clientèle finale ;
    - critères d'achat et de sélection fournisseurs.
- Clients :
    - catégories de clientèle leaders et évolution du poids de ces catégories ;
    - circuits de prescription et de décision ;
    - processus d'achat (appels d'offres, devis, sur catalogue, saisonnalité, etc.) ;
    - critères d'achat (prix, quantité, etc.) ;
    - critères de sélection des fournisseurs ;
    - niveau d'internationalisation ;

- niveau de concentration ;
- nécessité d'une spécificité de l'offre par catégorie de clients ou possibilité de standardisation ;
- localisation.
- Fournisseurs :
  - fournisseurs leaders ;
  - poids, niveau de concentration, niveau d'internationalisation ;
  - fournisseurs de produits complémentaires à ceux de l'entreprise pouvant permettre de constituer une offre globale en partenariat.

Informations clés sur la concurrence

- Poids des concurrents majeurs :
  - chiffre d'affaires (ventes et évolutions) ;
  - effectifs (opérationnels/fonctionnels) ;
  - part de marché ;
  - résultats (rentabilité, endettement, etc.).
- Organisation générale.
- Typologie de concurrent (leader, challenger, etc.).
- Périmètre de développement couvert : activités, produits (gammes, évolutions, appréciation clients, positionnement), clients/réseaux (segments de clientèle couverts, canaux de distribution utilisés), présence géographique.
- Niveau d'autonomie (partenaires, actionnaires, sous-traitance, etc.).
- Leviers de développement utilisés et niveau de performance sur ces leviers : coût (investissements en production), valeur de l'offre (investissements en R&D, niveau d'innovation, valeur de la marque : communication [budgets, médias, discours, etc.]).
- Force de frappe commerciale : logistique, réseau commercial (organisation, effectifs), politique commerciale (remises, etc.), niveau de prix pratiqués.
- Mouvements stratégiques récents et supposés dans le futur : évolution du périmètre de développement, choix des leviers de développements, allocation des ressources, acquisitions éventuelles.
- En synthèse : forces et faiblesses des concurrents.
- Les leaders : quels sont les éléments clés de leur réussite (politique générale, commerciale, produits, services, prix, logistique, fabrication, etc.) ?

Maturation des choix stratégiques

À ce stade, l'entrepreneur utilise les éléments recueillis dans la phase d'étude pour préparer son diagnostic stratégique. Les tableaux des schémas 15 et 16 lui permettront de statuer à la fois sur le niveau d'attrait de son environnement et sur sa position face à la concurrence.

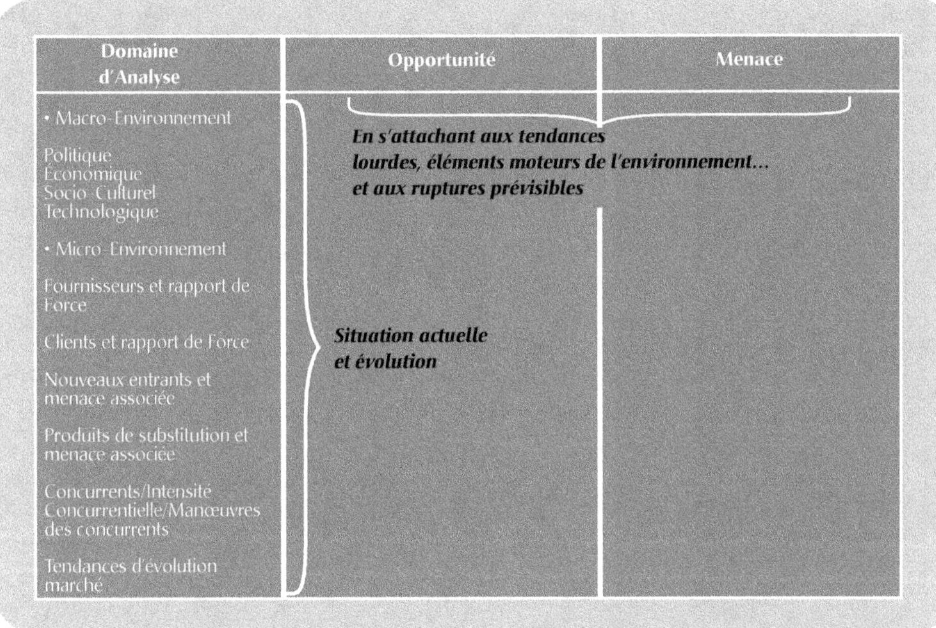

Schéma 15 – L'analyse de l'environnement

L'analyse de l'environnement peut s'effectuer à deux niveaux, en référence aux approches développées par Michael Porter. Un premier niveau de macro-environnement permet d'analyser les grands domaines d'influence (politique, économique, socioculturel, technologique) s'appliquant au secteur dans son ensemble et donc aussi au futur projet.

L'analyse du microenvironnement, quant à elle, zoome sur l'écosystème dans lequel s'insérera le projet : fournisseurs, clients, nouveaux entrants, produits de substitution, concurrents et tendances d'évolution du marché. Pour chacun de ces domaines, l'analyse permet de statuer sur leur caractère favorable ou non au développement du projet. L'entrepreneur doit en particulier analyser son niveau de rapport de force au regard de ces différents acteurs. Se mettre dans la dépendance d'un unique fournisseur pour une matière première indispensable à sa propre activité est ainsi une position particulièrement à risques.

L'évaluation du projet face à sa concurrence peut être réalisée à l'aide de la trame suivante.

Domaine d'Analyse	Force	Faiblesse
• Sites et Infrastructures physiques • Structures • Organisation • Culture • Management • Ressources Humaines • Recherche & Développement • Logistique • Production : obsolescence niveau de coûts • Marketing et Offre : – Produit : . Positionnement . Qualité de l'adaptation aux attentes clients Prix – Distribution – Communication/Image – Services • Commercial • Finances : – Rentabilité, Résultats (CA, Part de Marché...) Ressources disponibles	*À travers :* *Ressources* *Compétences* *Modes de fonctionnement/Management* *Outils* *...* *et en relativisant par rapport à ce qui est important pour le client*	

Schéma 16 - L'évaluation du projet face à la concurrence

Dans ce cadre, l'entrepreneur peut être tenté de se focaliser sur l'analyse de la partie visible du comparatif avec la concurrence (marketing et offre). Il aurait tort de le faire : en effet, il doit également rester constamment à l'affût de toute information sur l'organisation interne de la concurrence, organisation susceptible à terme de produire un impact direct sur le marché. Ainsi, être informé de l'implantation en Chine d'une usine d'un concurrent doit l'alerter sur un risque probable de baisses des prix en raison de coûts de production plus compétitifs.

La force de l'étude de marché sera ce diagnostic stratégique permettant notamment de sélectionner très concrètement les marchés les plus intéressants pour le projet. Ce choix consistera, comme illustré dans le schéma 19, à mettre en regard l'attrait de chaque marché face aux atouts et moyens de l'entreprise.

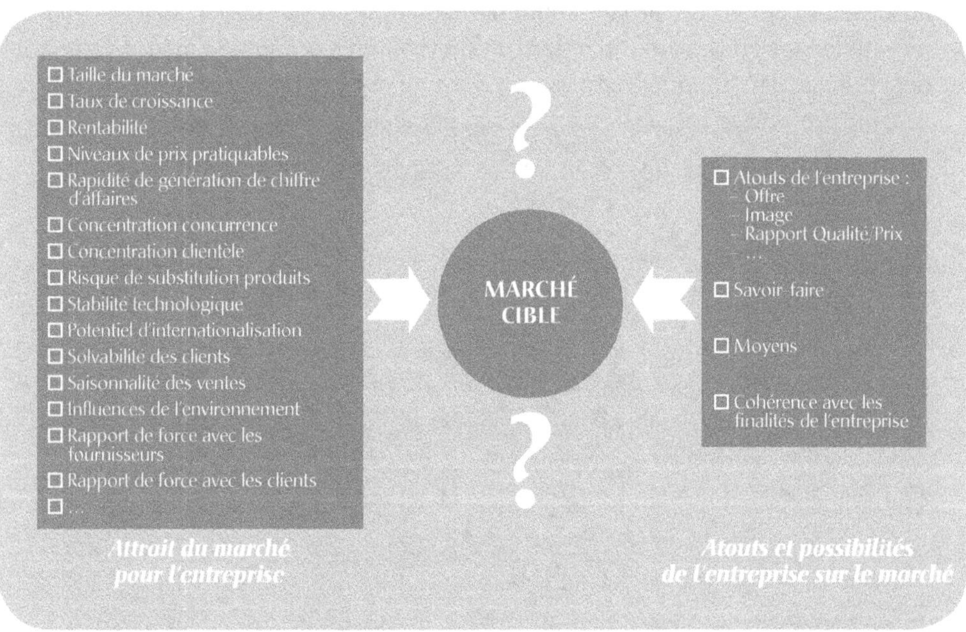

Schéma 17 - Le choix des marchés cibles

Le marché le plus adapté au projet n'est donc pas forcément le plus attractif dans l'absolu. En effet, pour une jeune entreprise, le marché intéressant est celui sur lequel elle peut valoriser ses atouts ; mais c'est aussi, et surtout, un marché à la portée de ses ressources. Or, la concurrence est la plus féroce sur les marchés les plus importants. Par conséquent, ce n'est pas là le terrain privilégié des jeunes entreprises aux reins pas encore suffisamment solides.

Avant tout lancement, l'étude de marché, pour être efficace, doit donc avoir été soigneusement préparée. Afin d'optimiser son temps et ses ressources, l'entrepreneur aura adopté une démarche progressive lui permettant de cerner son marché et son environnement d'abord à un niveau global puis seulement, dans un second temps, à un niveau plus spécifique lors des entretiens clients.

Pour un bon développement de l'entreprise, la qualité des futures décisions dépend par conséquent étroitement de la qualité des données recueillies lors de l'étude de marché, mais aussi de la qualité de l'analyse stratégique de ces mêmes données.

27 Évaluer des scénarios de développement

'opportunité, construite dans la phase de réflexion du processus entrepreneurial, peut s'exprimer à travers différents scénarios de développement. Or, la physionomie de l'entreprise peut profondément être modifiée selon le choix de scénarios. Ainsi, pour une même opportunité, un simple changement de réseau de distribution nécessite des moyens et une organisation fondamentalement différents.

Un scénario de développement, en faisant évoluer la vision initiale, peut donc pratiquement conduire à définir une nouvelle entreprise. Dans cette phase d'évaluation de la portée de chaque scénario, l'entrepreneur doit choisir entre différentes voies pour pouvoir construire par la suite sa trajectoire de développement, véritable feuille de route du futur de son entreprise.

La prise de décision reste toutefois éminemment personnelle et subjective. Certains entrepreneurs choisissent en effet d'approfondir les différentes possibilités, multiplient les études, mettent en place des matrices de choix sophistiquées permettant de hiérarchiser les différents scénarios. D'autres, au contraire, préfèrent jouer la carte du pari, favorisant la prise de risque. Aucune recette miracle n'est à promouvoir. Les critères de choix sont étroitement liés à la situation de chaque entreprise, mais également à l'ambition et aux motivations de chaque entrepreneur. Néanmoins, cinq notions incontournables peuvent guider cette réflexion le plus efficacement possible et sont à prendre en compte autour des questions suivantes.

Cinq notions clés pour évaluer les scénarios de développement

L'intérêt : a-t-on intérêt à réaliser ce scénario ?

Le scénario est bien entendu fréquemment abordé sous l'angle économique. Dans ce cadre, pour réellement évaluer l'attrait des scénarios examinés, il est important pour l'entrepreneur de s'appuyer sur quelques ordres de grandeurs. Le recueil d'informations, effectué lors de l'étude de marché, prend alors tout son sens pour orienter la décision. En effet, emporté par l'apparent potentiel d'un scénario, l'entrepreneur oublie trop souvent de prendre en compte les moyens réellement nécessaires pour entrer sur le marché. Ainsi, une petite entreprise, cherchant à atteindre le marché grand public à travers un réseau de grande distribution à vaste potentiel de clients, doit tenir compte des coûts nécessaires pour intégrer ce réseau (référencement, catalogues, emballages adaptés, communication, outils de promotion sur le lieu de vente, etc.). Cette analyse plus approfondie pourrait, dans certains cas, refréner son enthousiasme de départ.

Par ailleurs, l'intérêt peut aussi être considéré sous un angle moins économique. Par sa réussite sur un marché très exigeant porteur d'une forte image de qualité, l'entreprise peut profiter avantageusement de cette image valorisante par effet de rebond.

La faisabilité : peut-on réaliser ce scénario ?

La notion de marges de manœuvre de l'entreprise est très présente dans le critère de faisabilité. L'interrogation majeure est souvent de savoir si l'entreprise peut assumer le choix de tel ou tel scénario, en termes financiers mais également humains. Il est nécessaire d'être conscient de ses faiblesses : une entreprise s'orientant vers un scénario impliquant un renouvellement fréquent de ses gammes de produits aura des difficultés à réussir si ses compétences sont limitées sur le plan du marketing.

L'autonomie : peut-on le réaliser seul?

Parce que l'entreprise ne dispose pas de tous les moyens pour le réaliser, il est parfois dommage de se priver du potentiel offert par un scénario. Dans ce contexte, la recherche d'entreprises partenaires complémentaires (voir module 31) peut s'avérer une solution intéressante. Ainsi, une jeune agence de communication Print, fréquemment confrontée aux demandes de certains de ses clients de réaliser des sites Web, peut rechercher par complémentarité une association avec des développeurs informatiques pour la gestion des aspects techniques qu'elle ne maîtrise pas. Elle-même conserve, dans ce type de partenariat, la valeur ajoutée graphique et la direction artistique dans la création des sites.

Le temps : dans quels délais peut-on réaliser ce scénario?

Le critère du temps est lui aussi important. Un scénario à fort potentiel, mais à concrétisation lointaine, s'avère sans doute moins intéressant. Là encore, la notion de marges de manœuvres se révèle très prégnante. En effet, un entrepreneur à quelques mois de sa fin de droits à l'assurance chômage, ayant fondé son entreprise pour créer son propre emploi, favorisera vraisemblablement des scénarios à délai de concrétisation rapide.

La mobilité stratégique : que peut-on faire par la suite?

Cet axe d'évaluation est trop souvent occulté à tort par les entrepreneurs, car il induit une capacité d'anticipation. La faisabilité d'un scénario doit en effet s'évaluer également sur la durée. Serait ainsi fortement critiquable un scénario dans lequel l'entreprise aurait mis toutes ses ressources en jeu pour s'implanter sur un marché et n'aurait plus les moyens de s'y développer (ou de le quitter pour un autre secteur).

L'évaluation des scénarios de développement constitue donc un point charnière dans l'élaboration de la stratégie de la jeune entreprise. Après une phase créative d'ouverture du champ des scénarios de développement possibles, l'entrepreneur amorce un resserrement de ce champ. Par hiérarchisation des scénarios et par repérage des meilleurs d'entre eux, il prépare la phase finale de sélection. Cette dernière lui permet, à l'étape suivante, de construire sa trajectoire de développement.

28 Choisir sa trajectoire de développement

Dans la phase d'évaluation, l'entrepreneur a sélectionné les scénarios les plus attractifs, en relation avec sa vision du développement de son entreprise. Mais ces scénarios ont été retenus pour leur intérêt intrinsèque et pour le potentiel de développement représenté, séparément, par chacun d'entre eux. Or, désormais, l'entrepreneur doit examiner ces scénarios, en relation les uns aux autres. Cette analyse va lui permettre d'élaborer la trajectoire globale de développement de son entreprise.

Compatibilité des scénarios

Ainsi, pour une entreprise conceptrice de forets pour matériel électroportatif, il peut être intéressant et envisageable de se développer sur le marché de l'outillage technique à destination spécifiquement des entreprises. Toutefois, elle peut aussi choisir d'entrer sur le marché de l'outillage destiné aux bricoleurs du grand public. Chacun de ces deux scénarios nécessite cependant d'élaborer des produits différents (forets en titane pour les entreprises, en acier pour le grand public). Selon ses choix, ses réseaux de distribution doivent aussi être différents (circuit direct pour les entreprises, grandes surfaces de bricolage pour le grand public). Les niveaux de ressources nécessaires le sont également.

La question à se poser est donc de savoir si ces différents scénarios sont compatibles ou non. L'entreprise dispose-t-elle de ressources nécessaires pour en concrétiser un seul ou les concrétiser tous ? Si elle choisit la seconde option, va-t-elle les mener simultanément ou leur accorder des priorités différentes? La trajectoire de développement d'une entreprise s'élabore en répondant à ces questions de base.

Trois choix pour l'entrepreneur

Éliminer certains scénarios

Certains s'avèrent incompatibles : par exemple, en termes de ressources ou d'image avec d'autres scénarios jugés plus prioritaires.

Arbitrer sur la répartition des ressources

Il s'agit de garder certains scénarios, tout en réduisant leurs ambitions, compte tenu des ressources nécessitées par d'autres. Trouver également des synergies entre scénarios permettant de les conserver ensemble dans les limites de la même enveloppe globale de ressources. Par exemple, identification d'un tronc commun pour réaliser des économies dans le développement de produits destinés initialement à des scénarios différents.

Modifier le calendrier de son développement

Il s'agit de décaler certains scénarios dans le temps et d'accorder la priorité à d'autres.

La trajectoire de développement

À l'issue de cette analyse, l'entrepreneur peut désormais formuler un scénario de développement global, intégrant et consolidant les différents scénarios retenus, éventuellement reconfigurés. Ce scénario va concrétiser la trajectoire de développement de l'entreprise.

L'élaboration de cette trajectoire de développement est donc un véritable travail de construction (voir schéma ci-après). Chaque scénario de développement constitue un matériau de base, une pierre que l'entrepreneur examine, choisit ou élimine, retaille si besoin par réduction de ses ambitions. En fonction des pierres déjà en place, il les positionne les unes par rapport aux autres par ajustement du calendrier. Il construit ainsi une route devant l'amener à réaliser sa vision de départ.

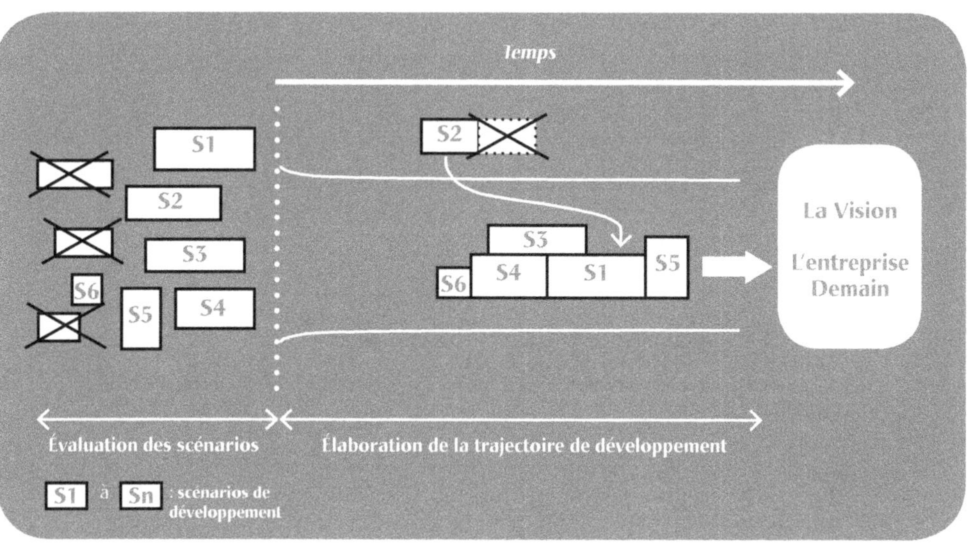

Schéma 18 – Des scénarios au choix d'une trajectoire

Supertekhome : l'Intel Inside de la domotique

Supertekhome est une start-up du secteur de la domotique ayant mis au point une technologie innovante permettant de piloter à distance différents équipements de la maison. Cette technologie peut s'intégrer dans des boîtiers de réception connectés par l'utilisateur à ses équipements ou placés directement dans ces mêmes équipements.

Très ouverte, cette technologie permet l'intégration ultérieure de nombreuses fonctionnalités (gestion des tarifs d'électricité, applications spécifiques *via* Internet, etc.). L'entreprise a donc disposé au départ de *nombreux scénarios possibles de développement*, tant au niveau des produits que des cibles (particuliers, entreprises, fabricants d'équipements électroménagers, etc.). La forme boîtier étant particulièrement conviviale, l'entreprise a été initialement attirée par un scénario orienté vers les volumes de vente de ces boîtiers à une cible grand public en grande surface de bricolage.

Toutefois, l'évaluation des moyens nécessaires pour intégrer ce réseau l'a progressivement amenée à *envisager d'autres scénarios moins coûteux*. Il lui était en effet impossible de supporter sur de multiples cibles des efforts à la fois commerciaux et de R&D importants. Elle a donc choisi de renoncer à la forme boîtier et à la cible grand public pour se consacrer à *des scénarios visant différents types de fabricants*. Elle leur a proposé d'intégrer sa technologie en la mentionnant explicitement sur leurs propres équipements (stratégie proche de celle du fabricant de microprocesseurs Intel auprès des constructeurs d'ordinateurs). L'entreprise s'est adressée progressivement à ces cibles, au fur et à mesure de la concrétisation des développements «produits».

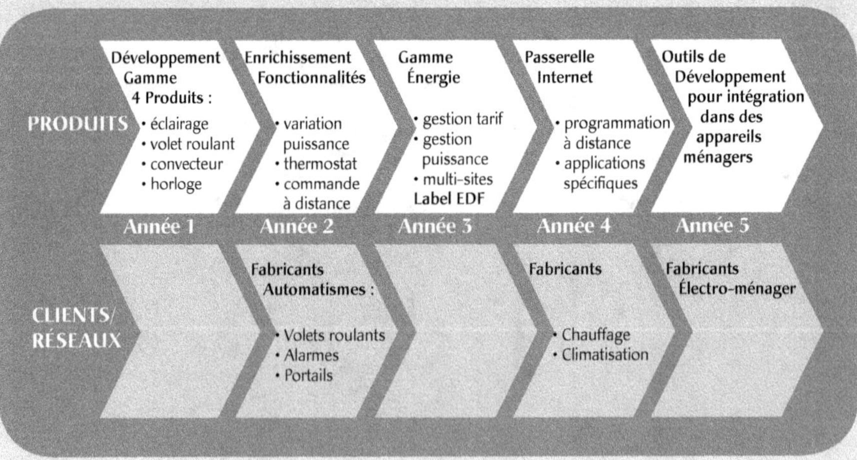

Schéma 19 - Exemple d'une trajectoire de développement

L'élaboration de la trajectoire de développement d'une jeune entreprise illustre une fois de plus le fait que la stratégie est avant tout une affaire de choix. Même s'il lui est difficile d'abandonner des scénarios dans lesquels il a cru, l'entrepreneur doit vivre certains renoncements pour construire la route vers la réalisation de sa vision. Il n'y a pas une seule et unique bonne route possible, et c'est avant tout lui qui la choisit.

FOCUS 3

Au-delà des aspects commerciaux, la phase de lancement représente pour l'entrepreneur le début du pilotage de son entreprise à l'épreuve de la vie réelle, sur un marché cette fois bien concret. Cette situation est très particulière par son triple aspect. Paradoxalement, il faut à la fois y faire l'apprentissage du pilotage, mais en pilotant déjà soi-même, tout en construisant au fur et à mesure les instruments de bord susceptibles d'indiquer la voie à suivre pour le développement de son activité.

Cette phase de lancement marque donc l'initialisation des premiers indicateurs du futur système de pilotage de l'entreprise (voir module 36). Les prévisions élaborées dans les étapes précédentes (voir module 27) vont être ici confrontées aux premiers résultats et par conséquent à la réalité. Ce sera à présent le temps d'analyser les écarts, de décider les mesures correctives et de les mettre en œuvre rapidement.

Le temps réel de montée en puissance constitue l'élément primordial à mesurer pendant cette phase de lancement. L'entrepreneur a prévu d'atteindre un chiffre d'affaires et un niveau de profit à une échéance précise : l'équilibre entier de son projet en dépend. À partir des premiers résultats commerciaux, il peut commencer à évaluer la possibilité d'atteindre ses objectifs dans les temps.

Points clés à surveiller

– **Temps moyen nécessaire pour parcourir le cycle de vente** : du premier contact avec un prospect jusqu'à l'encaissement du produit de la vente. L'entrepreneur doit nécessairement réévaluer ses hypothèses de développement s'il met trois mois à obtenir un premier et unique contrat alors que son objectif de chiffre d'affaires prévisionnel était, à cette date, beaucoup plus important.

– **Nombre de prospects à approcher pour parvenir à réaliser une vente.** Cet élément permet d'évaluer le taux de succès commercial.

– **Chiffre d'affaires moyen et rentabilité réalisés sur les premiers clients.** Ces éléments l'éclairent sur le nombre de clients à conquérir pour atteindre les objectifs. Associés aux indicateurs précédents, ils dimensionnent l'effort de prospection à réaliser et le temps à y consacrer qui, là encore, peuvent s'avérer hors de portée par rapport aux ressources.

La durée de cette montée en puissance est trop fréquemment sous-estimée. Or, si l'entrepreneur ne dispose pas de ressources complémentaires pour respecter le temps nécessaire à l'atteinte de son objectif de départ, il ne doit surtout pas hésiter à remettre en question rapidement ses objectifs ou tout ou partie de son projet. Cette remise en question peut d'ailleurs être temporaire ou définitive. Afin de rester à flot, il peut cependant envisager de développer une activité de complément, plus alimentaire, idéalement en relation avec son projet. Ainsi, un designer, dont les ventes de meubles auraient des difficultés à décoller, pourrait ouvrir son atelier à des séances de formation à la conception d'objets de décoration. Cette activité lui permettrait de poursuivre parallèlement le développement de son projet principal.

Le projet testé en grandeur réelle

Ce moment décisif va se traduire par un engagement plus important de ressources ainsi qu'une visibilité plus grande pour les futurs clients, mais aussi pour les concurrents. La présentation PowerPoint précédemment élaborée pour présenter le projet devient alors un dossier de presse ou une plaquette commerciale, le prototype devient présérie, l'expert interrogé dans le cadre de l'étude de marché devient un prescripteur potentiel.

C'est le moment de vérité. L'entrepreneur aura-t-il effectué les bons choix? Aura-t-il l'impact imaginé sur le marché? Saura-t-il utiliser ses ressources à bon escient? Pourra-t-il maintenir le cap voulu ou devra-t-il l'infléchir et, dans ce cas, comment procédera-t-il à ce réajustement? Les résultats de cette phase devront permettre de répondre à l'ensemble de ces questions. Cette phase doit être envisagée par conséquent comme un test : les informations de tous bords récoltées à cette étape seront au moins aussi importantes pour l'avenir de son entreprise que ses premières commandes.

Passer du marketing au commercial

Lors des phases précédentes, des cibles de clientèle et des objectifs associés ont déjà été identifiés. Toutefois, ces cibles sont encore des entités marketing abstraites (par exemple, les magasins de décoration). Parmi elles, l'entrepreneur va donc devoir identifier des prospects, nommément désignés (par exemple, le magasin de décoration de la rue Maurice-Utrillo) pour planifier et mettre réellement en œuvre sa démarche commerciale. Or, pour jouer la carte de l'efficacité dans un contexte de ressources limitées, prioriser la sélection de ces prospects est une nécessité impérative.

Rapidité d'obtention du premier chiffre d'affaires

La conquête rapide de premiers clients constitue le signe le plus évident de la validité d'un projet. Plusieurs types de prospects peuvent paraître plus faciles à conquérir :

Prospects *a priori* favorables à l'offre

Ils sont identifiés lors de contacts pris au cours de l'étude de marché. Il peut également s'agir de clients pilotes, associés lors d'une coconstruction de l'offre (par exemple, les bêta-testeurs dans le secteur du logiciel). Compte tenu des liens tissés en amont, l'entrepreneur leur aura régulièrement distillé des informations, préparant ainsi le terrain de la commercialisation.

Prospects issus du réseau de l'entrepreneur

Cette catégorie n'est surtout pas à négliger pour un démarrage rapide d'activité. Ainsi, dans le domaine du conseil, la première mission vendue est souvent la reproduction exacte d'une prestation déjà réalisée lors d'expériences professionnelles précédentes, selon l'avis de sociétés de portage salarial accueillant régulièrement de nombreux futurs entrepreneurs consultants.

Prospects géographiquement proches

Ce critère de bon sens est souvent oublié des entrepreneurs, qui recherchent parfois loin géographiquement un prospect, généralement plus difficile à conquérir face à une concurrence locale difficile à cerner en raison de la distance. Ces choix s'avèrent rarement aussi profitables que prévu (frais et temps de déplacement).

Prospects facilement identifiables

Il n'est pas utile à l'entrepreneur de vouloir absolument définir les critères de sélection d'un prospect idéal pour son projet, critères trop fins, impossibles à exploiter facilement dans les fichiers, annuaires et autres sources de prospection à sa disposition.

Prospects caractérisés par une faible présence de la concurrence

Il est toujours plus facile et rapide pour l'entrepreneur de vendre son offre dans un environnement peu concurrentiel plutôt que d'avoir à rivaliser avec des entreprises en place depuis longtemps.

Prospects avec des circuits de décision d'achat courts

Il faut privilégier le choix de prospects à décision d'achat centralisée, avec des circuits de décision courts. En effet, il est préférable d'écarter les structures plus

complexes, travaillant par appels d'offres (secteur public, etc.), ou les structures nécessitant de rencontrer de nombreux prescripteurs internes avant de pouvoir conclure une vente.

Recherche de l'effet vitrine

La conquête de prospects à forte image sur le marché peut également orienter les efforts commerciaux de l'entreprise. Elle en tirera en effet un bénéfice indirect porté par cette image. Après accord avec eux, ces clients pourront constituer par la suite un vecteur important de communication (par exemple, en utilisant leur témoignage de satisfaction sur le site Internet de l'entreprise). Cet effet vitrine peut également s'entendre au sens matériel du terme : il est toujours plus intéressant pour un jeune créateur de positionner son produit dans la vitrine du magasin le plus attractif du quartier.

Recherche d'un espace protégé pour tester l'offre

L'entrepreneur peut aussi rechercher un développement moins visible, en particulier pour éviter un choc frontal avec la concurrence. Ainsi, certaines entreprises technologiques ne recherchent pas systématiquement les prospects présentant le plus gros potentiel du marché, mais plutôt des prospects pouvant leur assurer une plus grande sécurité en termes de propriété industrielle. Ce développement, en apparence plus souterrain, leur permet parallèlement de tester leur offre auprès de cette clientèle, tout en continuant à la faire évoluer.

Anticipation de développements ultérieurs

Même dans cette phase de lancement, les premiers prospects peuvent être choisis dans une approche anticipatrice des possibilités de développement futur. Certaines entreprises peuvent ainsi rechercher des distributeurs ayant avant tout une présence internationale. Une fois référencés chez ces derniers dans un pays, les produits de l'entreprise peuvent éventuellement être diffusés par ces distributeurs sur d'autres zones à l'international.

Pendant le lancement, l'apprentissage du marché continue...

La sanction du marché lors de cette phase de lancement peut réserver de bonnes comme de mauvaises surprises. Ce que l'entrepreneur aura imaginé en termes de produit, prix, canal de distribution et communication peut s'avérer complètement différent, une fois son offre mise sur le marché. Ainsi, un produit destiné initialement à une cible sera finalement beaucoup plus apprécié par une autre ; certains réseaux de distribution pratiqueront des prix publics différents de ceux recommandés par l'entrepreneur ; un canal de distribution négligé dans les hypothèses de départ s'avérera finalement plus réceptif à l'offre proposée ; un *buzz* Internet lié à la sortie du produit aura finalement été plus efficace que l'annonce publicitaire insérée dans la presse spécialisée… Là encore, tous ces éléments doivent être analysés pour en tirer les conséquences sur la poursuite de l'activité.

Comme les premiers liens commerciaux se tissent avec les clients, c'est l'occasion idéale pour les solliciter, obtenir leur avis (positif ou négatif) sur l'offre proposée ; commencer à créer pour eux par exemple un club, futur noyau dur des adeptes de la marque. Outil intéressant, la carte «boomerang» peut constituer un vecteur pour instaurer cette relation client.

Pour que ces cartes jouent leur rôle et reviennent en nombre dès les premières ventes, l'entreprise doit avoir prévu un élément d'incitation pour le client (petit cadeau, réduction sur un prochain achat, tirage au sort permettant de gagner d'autres produits de la gamme, etc.). Internet permet de virtualiser cet échange (inscription du client sur un site permettant de recueillir les informations).

Exemple type de questions d'une carte boomerang

L'exemple suivant illustre pour un produit grand public les questions possibles d'une carte boomerang. Ces questions doivent être majoritairement fermées sous peine de générer des informations qualitatives difficilement exploitables en nombre :

1. Pour obtenir des informations sur les clients : nom, prénom, adresse, numéro de téléphone, âge, sexe (dans le respect des règles de la CNIL).

2. Pour évaluer les prix réels pratiqués : quand avez-vous acheté ce produit ? À quel prix l'avez-vous acheté ?

3. Pour évaluer le poids réel des différents canaux de distribution : dans quel type de magasin l'avez-vous acheté (grande surface spécialisée ; grand magasin ; hypermarché ; supermarché ; autres) ?

4. Pour tester l'impact réel des moyens de communication utilisés : comment avez-vous connu ce produit ? En le découvrant en rayon ? Par une documentation en magasin ? Sur les conseils d'un vendeur ? Sur les conseils de relations ? Par une publicité dans un magazine ? Sur un catalogue ?

5. Pour tester l'impact réel des avantages mis en avant par l'entreprise : quelles sont les trois principales raisons qui vous ont conduit à acheter ce produit ?

6. Pour identifier les usages principaux et en découvrir de nouveaux : quels usages avez-vous fait de ce produit ?

7. Pour cerner les insatisfactions éventuelles, sources d'amélioration et de développement de nouveaux produits : êtes-vous satisfait de ce produit ? Avez-vous des suggestions à nous faire ?

Réinitialiser le processus

Le processus entrepreneurial est une chaîne : les résultats constatés lors de la phase de lancement nécessitent généralement des réajustements au niveau des différents maillons. Ainsi, des résultats inférieurs aux prévisions doivent amener l'entrepreneur à s'interroger et à procéder rapidement à des réajustements.

Approche commerciale

Faut-il réorienter les axes de prospection ? Les cibles identifiées, réservoirs de prospects approchés, étaient-elles les bonnes ?

Offre

L'offre (produit, prix, distribution, communication) doit-elle être modifiée ? D'éventuelles évolutions seront plus faciles et moins douloureuses à mettre en œuvre si l'entrepreneur n'a pas encore investi dans des éléments définitifs (site Internet difficilement modifiable, brochure déjà imprimée à des milliers d'exemplaires, etc.).

Trajectoire de développement

Les scénarios de développement choisis en priorité étaient-ils les plus pertinents ? Fallait-il commencer par d'autres couples produit/marché ? La notion de mobilité stratégique évoquée lors de l'évaluation des scénarios de développement prend ici tout son sens.

Finalités et points d'appui stratégiques

La mission et la vision du projet nécessitent-elles d'être revues ? Le business model, moteur du développement, est-il adapté ? S'il est une chaîne, le processus entrepreneurial doit être également vécu comme un cycle, constitué d'allers-retours constants. Une fois les réajustements indispensables effectués, l'entrepreneur doit en effet parcourir à nouveau ce processus pour passer d'une nouvelle idée de développement à sa concrétisation sur le marché.

interview filmée d'Antoine Gentil, Baby-Speaking

30 Stratégies de croissance interne

Après l'épreuve du feu, la phase de test et de lancement réussie, la créativité de l'entrepreneur va à nouveau être sollicitée. Il va à présent être confronté au défi inhérent à tout projet entrepreneurial : comment générer une croissance rentable sur la durée ? Pour y parvenir, la jeune entreprise ne peut au départ compter que sur elle-même.

Croissance interne

Croissance réalisée par l'entreprise à partir de ses seules ressources et savoir-faire.

Comment se développer avec ses propres moyens ?

Là encore, pas de recette miracle ni de parcours imposé. Néanmoins, un outil simple, la matrice d'Igor Ansoff (1918-2002), professeur américain et auteur d'ouvrages de référence en stratégie (*Corporate Strategy*, 1965, et *The New Corporate Strategy*, 1987), guide utilement la réflexion de l'entrepreneur.

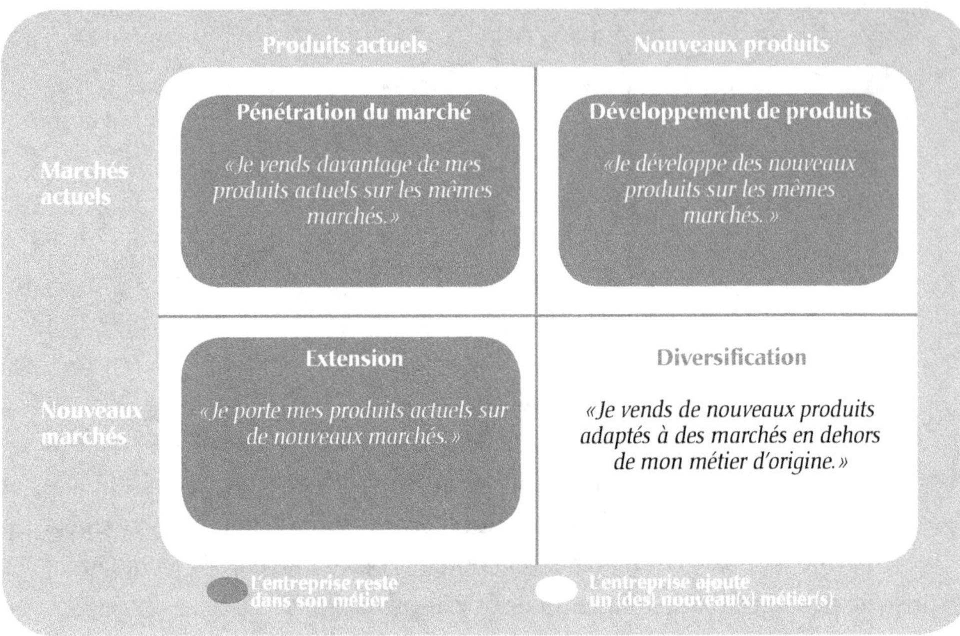

Schéma 20 - La matrice d'Ansoff

L'entrepreneur peut ainsi s'interroger systématiquement sur chacune des cases de cette matrice afin de générer de nouvelles idées de sources de croissance : que pourrais-je faire pour vendre davantage de produits actuels sur les mêmes marchés? Sur quels nouveaux marchés pourrais-je vendre mes produits actuels? etc. Il doit cependant ne pas omettre d'évaluer ces idées à l'aune de leur rentabilité et de leur durabilité, sous peine de se lancer dans une croissance feu de paille, dangereuse pour l'avenir de l'entreprise. En cohérence avec les principes du Code de la route stratégique (voir module 21), certaines de ces cases sont à aborder avec prudence par la jeune entreprise.

Le développement de produits, l'extension de marchés ou la diversification ne sont bien entendu pas à exclure. Toutefois, ceux-ci ne peuvent raisonnablement s'envisager qu'après consolidation d'une première base de clientèle et à condition de disposer, face à la concurrence, de leviers stratégiques suffisamment puissants.

Les points de vigilance

La pénétration du marché

Pour renforcer la pénétration du marché, l'entrepreneur peut être facilement tenté de s'orienter vers l'utilisation du levier prix quand il l'estime trop élevé pour le client. Un réajustement tarifaire s'impose peut-être effectivement… mais l'observation de l'impact du produit sur les clients ne doit pas non plus être négligée au regard de leurs attentes. Dans ce cas, il pourrait mettre en balance le coût (et le risque) de la baisse de prix envisagée avec celui d'un investissement financier réservé à une étude plus précise, lui permettant d'intensifier la qualité de sa réponse aux besoins de ses clients.

Pour vendre plus, l'entrepreneur peut également être tenté d'intensifier la diffusion de ses produits sur le marché et d'augmenter sa présence auprès de tous les distributeurs. Là encore, la justesse de l'allocation des ressources est un facteur clé. En effet, cibler ses distributeurs est particulièrement efficace en volume de ventes. Il s'agit alors pour l'entreprise de choisir de réserver davantage de moyens (communication, formation produit, remises, etc.) pour mettre en avant ses produits auprès des meilleurs distributeurs, exclusivement. Il ne faut pas éparpiller les moyens sur l'ensemble (y compris les moins performants).

Le développement de produits

Une fois les premiers besoins des clients satisfaits, l'entrepreneur se tourne naturellement vers le développement de nouveaux produits, en cherchant à renforcer la largeur et la profondeur de sa gamme. Il peut notamment y être incité par ses réseaux de distribution (*«Qu'avez-vous de nouveau pour nous cette année?»*) et par la nécessité d'adaptation au rythme de développement de ses concurrents. Tout en développant ces nouveaux produits, l'entrepreneur ne doit pas perdre de vue la gestion de son portefeuille de produits existants, en choisissant éventuellement d'en supprimer certains. Le coût de la gestion de références inutiles, car invendues, pourrait être alors transformé efficacement en ressources destinées ensuite au développement de nouvelles gammes.

L'extension de marchés

Cette extension s'entend souvent sous l'angle géographique. Le développement international constitue bien sûr une opportunité à considérer, mais il ne faut pas sous-estimer les difficultés à s'implanter sur un marché étranger (les plus grands y ont souvent échoué : Decathlon aux États-Unis, par exemple). Cette affirmation est à nuancer si l'offre de l'entreprise a spécifiquement été étudiée pour ce marché. Mais, même dans ce cas-là, il faut détenir les armes suffisantes pour se battre contre la concurrence locale du pays ciblé. Toutefois, la prudence doit être au rendez-vous de toute ouverture vers l'étranger. En particulier, si ce développement est simplement focalisé sur la notion de «l'herbe est plus verte ailleurs», quand l'entreprise n'a pas réussi sur son propre marché national. Rares sont ceux qui se révèlent meilleurs loin de leurs bases… surtout avec peu de moyens.

Cette extension de marché peut également s'entendre sous l'angle de l'utilisation d'un nouveau réseau de distribution (par exemple, intégrer la grande distribution lorsque l'on est déjà présent dans des magasins spécialisés). Dans l'évaluation de ce choix de stratégie, l'entrepreneur ne devra pas perdre de vue qu'un nouveau réseau rime le plus souvent avec une obligation de variante quant au produit, à l'emballage, voire à la contrainte de créer une marque supplémentaire. En effet, sur une même zone géographique, un réseau de distribution accepte difficilement de constater la présence, dans un réseau concurrent, du même produit à un prix moins cher.

La diversification

La diversification est certainement l'une des voies les moins à la portée de la jeune entreprise. Elle suppose en effet d'avoir des ressources spécifiques pour aborder un marché inconnu ; de développer des produits ; de se créer une notoriété en partant de zéro, sans vraiment utiliser l'acquis lié au métier d'origine. Par ailleurs, la proximité apparente de certains marchés ne doit pas faire perdre de vue à l'entrepreneur que toute évolution de marché entraîne un changement de concurrents. Ainsi, une entreprise spécialisée dans la fabrication de doudous pour enfants qui souhaite élargir sa présence à l'univers de la chambre d'enfants, notamment par le développement d'une ligne de meubles, doit garder à l'esprit que son concurrent de demain s'appelle aussi… Ikea.

Avec ses seuls moyens, la jeune entreprise dispose déjà de ces quatre voies possibles de croissance à explorer. Chacune peut représenter de nombreux projets à lancer, à gérer et à financer par l'entrepreneur (développement de produits, études de marchés, etc.). L'allocation des ressources se révèle donc rapidement un aspect clé dans la gestion du développement de l'entreprise : vaut-il mieux investir dans des promotions sur les produits actuels ? En développer de nouveaux ? Ouvrir un bureau à l'étranger ? Quelles que soient les voies choisies, l'entrepreneur doit se garder de toute fuite en avant et faire sienne la sagesse militaire, consistant à consolider les premières places fortes avant d'aller vers de nouvelles conquêtes.

 Autres stratégies de croissance

e développement doit-il être mené seul ou avec d'autres ? Au-delà du recours à ses seuls moyens, la jeune entreprise peut également considérer d'autres voies. Si le rachat d'autres entreprises, en tout cas dans un premier temps, paraît difficilement envisageable, d'autres possibilités généralement moins lourdes peuvent s'avérer intéressantes.

L'utilisation d'une licence de marque

L'entreprise peut choisir d'utiliser des marques plus connues que la sienne pour accélérer sa croissance auprès de certaines clientèles. Ainsi, une petite entreprise, travaillant dans la maroquinerie scolaire, peut-elle être tentée d'adjoindre, à ses propres gammes, des produits siglés par des marques ou des personnages de dessins animés aimés des enfants. Ces produits, grâce à l'effet de mode, peuvent rapidement favoriser les ventes. Toutefois, dans ce cas, il faut être conscient de l'importance des points suivants :

- **coût très onéreux** (4 à 15 % de royalties à reverser) des bonnes licences avec des personnages et marques à fort impact ;
- **lourdeur contractuelle propre à certains «licencieurs»** (obligations de reporting), parfois difficile à gérer pour une jeune entreprise ;

- **risque d'avoir à gérer un stock important d'invendus** dans le cas d'un manque d'habitude à jongler entre les licences au rythme des effets de mode ;
- **savoir choisir la bonne licence** et prendre l'initiative d'en changer rapidement si nécessaire.

Ces contraintes peuvent également inciter le créateur à travailler sa propre marque avant de solliciter celle des autres… voire de choisir de la transformer par la suite en licence : Airness ou Hello Kitty ont, elles aussi, été des marques inconnues à leur naissance.

La fondatrice des espaces de beauté Ethnicia, Hapsatou Sy, décide ainsi, après cinq ans d'existence et trois boutiques à Paris, de développer son entreprise dans toute la France en offrant la possibilité à de jeunes entrepreneurs d'ouvrir leur propre magasin dans une grande ville dans le cadre d'une licence de marque (www.ethnicia.com).

Le co-branding et l'association avec une marque

La jeune entreprise peut également envisager de s'associer ponctuellement avec une autre marque dans le cadre d'un co-branding. Cette association de deux marques présente des avantages importants : se rapprocher de l'image et donc de la clientèle de la marque connue, être visible au sein d'une campagne de communication non à sa portée financière en temps normal.

Co-branding

Cosignature par deux ou plusieurs marques différentes d'un même produit ou d'une campagne de communication commune.

Deux points clés sont à garder à l'esprit dans ce cas :

– **Équilibre de l'intérêt de l'accord pour les deux parties** : la marque connue accueillera plus facilement une marque dont la notoriété est naissante ou tout au moins déjà respectée par «un club», même encore restreint, de clients.

– **Vigilance à ne pas se faire cannibaliser par la marque la plus connue** : lorsque Renault et Decathlon se sont associés pour lancer un Kangoo Decathlon, les deux marques ont joué à armes égales. *A contrario*, si un petit constructeur de véhicules de loisirs souhaite cobrander un modèle typé sport avec la marque Decathlon, en raison de son peu de notoriété dans le domaine du savoir-faire textile, son produit risque de devenir rapidement un véhicule Decathlon dans l'esprit du consommateur.

Des marques phares au service de la jeune entreprise

La notion de marque et d'association avec une marque peut également s'étendre à d'autres cas de figures plus insolites. Sans aller jusqu'à un co-branding formalisé, les impacts sur l'image et le développement de la jeune entreprise n'en sont pas moins forts.

Dans cet ordre d'idée, tout produit connoté «people» peut, lui aussi, être envisagé comme une marque. En effet, l'adoption par une star du produit d'une jeune entreprise peut considérablement contribuer à son développement. À ses débuts, la marque de chaussures Mephisto a su construire son développement aux États-Unis en devenant la chaussure, entre autres, d'Arnold Schwartzenegger, et en choisissant habilement de s'implanter à Aspen, station de sports d'hiver huppée du Colorado.

Images de marque

Le film, la série ou l'émission de télévision sont, eux aussi, des marques. Placer des produits dans des contextes de ce type peut également constituer, pour une jeune entreprise, une source de notoriété et de croissance. L'intégration la plus visible de ce principe pourrait être le site du feuilleton culte de France 3, « Plus belle la vie » : les accros de la série peuvent y commander les mêmes vêtements que ceux portés par les acteurs de la série.

  http://plusbellelavie.fr/le-fil-de-la-mode/

Certains magasins sont eux aussi des marques fortes. Ainsi, pour percer plus vite, de nombreux jeunes créateurs de mode sont souvent en quête d'une situation de prestige : être sélectionné par exemple par le magasin Colette, à Paris, temple de la « branchitude » !

La franchise de son propre concept

Une fois ses preuves faites, l'entrepreneur peut également envisager de franchiser son activité. Il doit alors démontrer auprès d'éventuels franchisés la possibilité, pour eux-mêmes, de dupliquer son succès. Dans le cas d'un commerçant, cette démonstration peut par exemple s'appuyer sur un historique significatif : de bons résultats obtenus par plusieurs magasins en propre, conçus à partir du même concept. Toutefois, la maîtrise d'un réseau de franchisés sera aussi un nouveau métier à acquérir.

Les partenariats

La recherche de partenariats est sans doute une des voies les plus aborda-bles pour une jeune entreprise. S'associer, même ponctuellement, avec d'autres entreprises dont l'offre, le réseau, les compétences sont complémentaires, peut constituer un moteur de croissance particulièrement puissant. Toutefois, dans ce cas, il ne faut pas se laisser guider par le hasard pour développer des parte-nariats, mais instaurer une démarche systématique, comme lors d'une recher-che de clients. De plus, l'investissement en temps consacré à ces contacts de partenariat doit également être pris sérieusement en compte.

L'ouverture vers des acteurs extérieurs (autres marques, partenaires, clients vitrines, etc.) peut donc constituer un formidable effet de levier pour la croissance de la jeune entreprise. Toutefois, afin de vérifier l'intérêt de se rapprocher d'elle, ces futurs coacteurs de son développement vont s'appuyer immanquablement sur des preuves de son succès, déjà établi ou en bonne voie de l'être.

  interview filmée de Hapsatou Sy, Ethnicia

Piloter et maîtriser

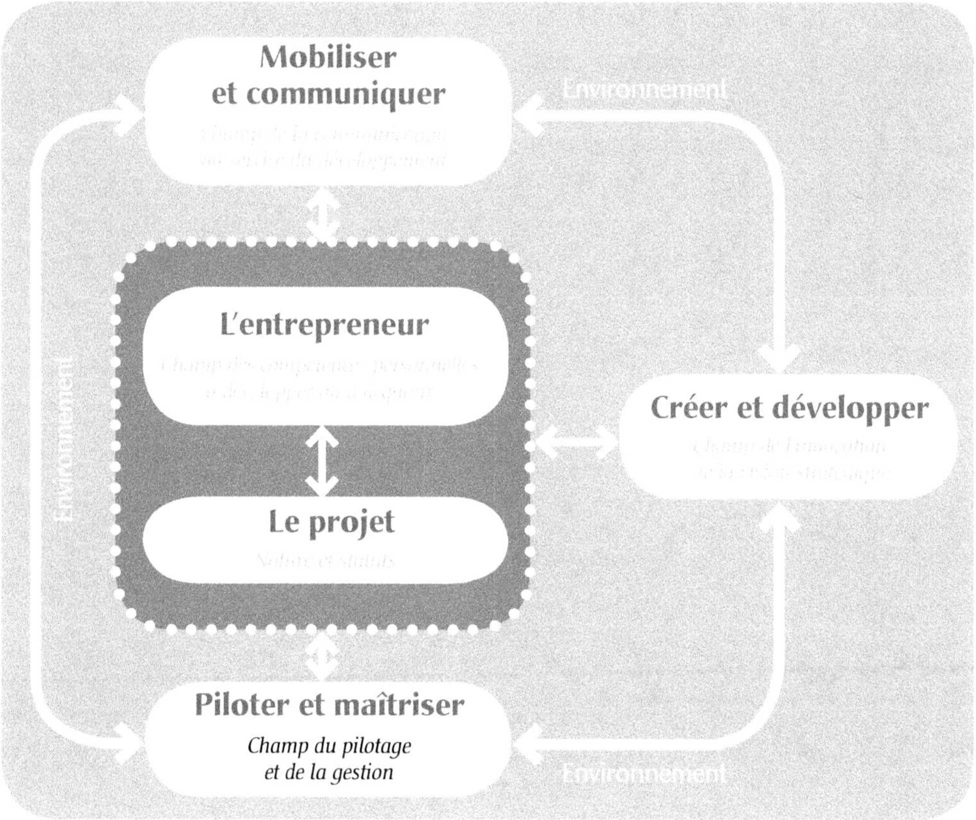

32 Flash Au cœur du système de pilotage

Voici la salle de contrôle du système entrepreneurial, le champ du pilotage et de la gestion de l'entreprise. Par définition, la petite entreprise dispose de moyens limités en matière de temps, de financement et de ressources humaines. Si ces ressources ne sont pas utilisées et pilotées de façon efficiente, le projet risque de manquer rapidement de carburant pour son développement.

Concevoir sa feuille de route

Le pilotage s'initie au démarrage de l'activité par la construction d'un business plan, première feuille de route et guide d'action pour le lancement du projet. La démarche ponctuelle de business plan doit toutefois être dépassée pour mettre en place dans l'entreprise un système de pilotage permanent. Ce système doit fournir les outils, les indicateurs et les démarches aptes à maximiser l'impact de l'offre de l'entreprise sur le marché (développement des ventes) tout en limitant les risques et les pertes de temps et d'argent.

Dans ce cadre, les indicateurs uniquement financiers ne suffisent pas à assurer un pilotage serré. Ils permettent uniquement un pilotage constat, au rétroviseur. Or, à l'heure des résultats financiers, il est déjà trop tard pour redresser le cap. L'entrepreneur doit donc mettre en place des indicateurs pragmatiques et pertinents lui permettant d'agir par anticipation.

Ainsi, l'entrepreneur peut suivre de manière hebdomadaire le temps qu'il alloue à la prospection commerciale. Si ce temps se réduit sensiblement, il peut s'attendre à une baisse mécanique de ses résultats et envisager, par là même, de relancer la prospection. Mais ce suivi du temps de l'entrepreneur est trop rarement mis en place. Il s'agit pourtant de la principale ressource de l'entreprise. Rien ne doit être laissé au hasard : le temps doit devenir l'allié de l'entrepreneur.

Quant au risque, il est bien entendu inhérent à toute démarche entrepreneuriale. Ne pouvant être complètement éliminé, il doit être intégré tout au long du projet à travers un autoquestionnement permanent de l'entrepreneur : quels facteurs pourraient m'empêcher d'atteindre le résultat escompté et quelle action mettre en place pour limiter ce risque ? Comme disait avec humour Jack Welch, ancien dirigeant de General Electric, «*Seuls les paranoïaques survivent*».

Financer son projet et son entreprise

Le financement d'une jeune entreprise constitue une part déterminante de son succès. Aux différentes étapes de développement de l'entreprise correspondent différentes sources de financement, le recours aux capitaux externes permettant d'augmenter son potentiel de croissance. Mais l'univers de l'investissement est souvent mal connu des entrepreneurs et rend complexe pour eux l'accès au financement en capitaux propres (capital-risque et capital-développement).

Par ailleurs, l'entrepreneur doit être au clair sur sa véritable ambition et garder à l'esprit l'inévitable perte d'indépendance induite par l'entrée d'investisseurs dans le capital de son entreprise (voir modules 37 à 39). Selon leur rôle et leurs motivations, ces investisseurs interviennent à telle ou telle phase du projet entrepreneurial et dans tel ou tel profil d'entreprise. Un business angel investit essentiellement dans des entreprises à haut potentiel de croissance (pour leur fort potentiel de retour sur investissement). Tel capital-risqueur investit dans un secteur spécifique, tel autre dans tous les secteurs de marché, tel autre encore dans une zone géographique particulière ou à une étape choisie du développement de l'entreprise.

33 — Le business plan

La formalisation de la stratégie

Le business plan ou plan d'affaires de l'entreprise est la suite logique et concrète du processus ayant amené l'entreprise à élaborer sa stratégie, comme illustré dans le schéma suivant. C'est avant tout un document qui formalise et explicite cette stratégie.

Schéma 21 - Business plan et stratégie

Comme dans le cas du business model (voir module 24), le terme business plan a connu un regain de notoriété lors de la première bulle Internet des années 2000. Le business plan est alors devenu l'outil de séduction d'investisseurs potentiels, une véritable brochure publicitaire vantant les atouts des start-up en mal de financement.

Dans le domaine de l'entrepreneuriat, le business plan reste encore trop souvent associé à la dimension de recherche de fonds. Même si la forme de ce document peut être adaptée à différents publics (dont les investisseurs), dans tous les cas, la trame de fond reste la même. L'entrepreneur ne doit pas perdre de vue la vocation première du business plan : faire office de feuille de route concrète et détaillée vers la réalisation de sa vision.

De la stratégie à l'action

Instrument de clarification de l'avenir de l'entreprise, le business plan, comme tous les plans, couvre un horizon temporel délimité (généralement trois ans). Il fixe une trajectoire de développement (celle de la stratégie choisie), mais surtout définit les moyens nécessaires à la mise en œuvre de cette stratégie et à l'atteinte d'un résultat économique visé (voir schéma suivant).

Le business plan n'est donc pas une déclaration d'intention. Il est résolument tourné vers l'action et la maîtrise de celle-ci. La construction du système de pilotage de l'entreprise (voir module 36) dépend notamment de ses prévisions.

Orientations stratégiques

↓

Objectifs concrétisant les orientations stratégiques

↓

Moyens pour atteindre les objectifs
- Actions et projets
- Ressources : argent (budgets), hommes (effectifs, équipe), temps (calendrier)

↓

Résultat économique matérialisant l'atteinte des objectifs
- Comptes d'exploitation prévisionnels à 3 ans

↓

Risques potentiels pesant sur la réussite du plan
- Identification
- Proposition de plans d'action de réduction de ces risques

Schéma 22 - Les éléments de fond du business plan

À noter

Le business plan : un outil opérationnel

Le pilotage de l'activité se poursuit au-delà d'une première présentation d'un business plan. Ce dernier ne doit donc pas être considéré comme un outil à usage unique. L'entrepreneur à travers l'élaboration de ce premier business plan a effectué l'essentiel du travail de recueil d'informations et de construction d'hypothèses de développement pour son entreprise. Pour tirer profit de cet investissement d'anticipation, il a intérêt à réactualiser régulièrement (annuellement dans l'idéal) tout ou partie du business plan pour en faire réellement un outil opérationnel, guide de son action au quotidien.

Si le processus d'élaboration de la stratégie a été effectivement suivi auparavant, le business plan se formalise presque naturellement, l'entrepreneur disposant déjà pratiquement de l'ensemble des données nécessaires à sa rédaction. En particulier, les scénarios de développement évalués et retenus pour construire la trajectoire de développement (voir modules 27 et 28) l'auront été, entre autres, sur une base d'intérêt économique. L'entrepreneur dispose donc normalement des premiers éléments de chiffrage. Il devra cependant les compléter. En effet, la dimension chiffrée et le processus de simulation constituent une part importante du business plan, notamment dans la détermination du besoin en financement lors de recherches de fonds auprès d'investisseurs.

Le concret l'emporte sur l'abstrait

Même si cette dimension chiffrée est importante, beaucoup d'entrepreneurs utilisent à tort les tableurs informatiques un peu trop tôt, en particulier avant d'avoir déterminé une vision stratégique claire, adossée à une logique et à des hypothèses robustes. Les investisseurs potentiels savent bien que les premiers chiffres prévisionnels d'activité d'une entreprise en lancement comportent une large part d'incertitude (d'où la pratique répandue de réaliser des prévisions d'activité haute, moyenne ou basse). Ils sont beaucoup plus sensibles à la logique et à l'argumentation des choix stratégiques réalisés qu'à un eldorado financier promis à trois ans, mais construit sur les sables mouvants d'hypothèses souvent discutables.

Enfin, la stratégie contenue dans le business plan se doit d'être considérée comme un projet, et comme tout projet, elle comporte sa part de risques. Si ces risques ne peuvent tous être maîtrisés, ils doivent cependant être identifiés et ils doivent entraîner des propositions d'actions pour limiter leur impact (voir module 35). Ces éléments de prudence sont également à inclure dans le business plan. Ce dernier doit être réaliste : il serait irresponsable de la part de l'entrepreneur d'omettre de mentionner certains risques. Les financiers sont très sensibles aux informations permettant de prendre des décisions avec une mesure de la part du risque pris lors de leur investissement.

La forme du business plan

Le business plan doit être également considéré comme un outil de communication. Dans cette optique, sa forme doit s'adapter aux messages à transmettre et à la cible visée lors de sa présentation.

L'organisation des différents chapitres et leur poids respectif au sein du document seront donc pensés en fonction de cette présentation. Toutefois, il est possible de dégager une structure type reprenant des figures imposées classiques. Afin d'en faciliter la compréhension, le schéma suivant décrit les points incontournables. Ce schéma est également adapté à un business plan post-lancement, d'où la présence de résultats d'activité passés de l'entreprise.

<table>
<tr><td valign="top">

Synthèse du business plan
- Rappel des finalités de l'entreprise et évolutions éventuelles : mission et vision.
- Présentation de l'équipe dirigeante
- Résumé des résultats.
- Faits saillants de l'analyse stratégique.
- Synthèse des choix opérés, de leur impact et objectifs stratégiques associés.
- Activité, résultats financiers et besoin en financement prévisionnels à 3 ans.

Analyse détaillée des résultats
- Vente (produits/pays/réseau…).
- CA, volume, part de marché.
- Rentabilité.

Analyse du marché
- Volume, CA.
- Produits/Réseaux.
- Perspectives.

Analyse de l'environnement
- Faits saillants.
- Tendances.

Analyse de l'offre sur le marché
- Analyse de la concurrences.
- Performance du positionnement par rapport à la concurrence.
- Analyse du portefeuille de produits.

</td><td valign="top">

Diagnostic stratégique de la situation de l'entreprise
- Forces/Faiblesses/Opportunités/Menaces.

Stratégie générale retenue

Objectifs liés à la stratégie

Moyens associés aux objectifs

Résultats financiers prévisionnels et besoin en financement associé

Risques et plans d'action de réduction des risques

</td></tr>
</table>

Passé + Projections

Schéma 23 - Structure type d'un « bon » business plan

Une synthèse très efficace pour bien communiquer

Au début de ce document, la synthèse du business plan, souvent appelée «*executive summary*» ou «synthèse managériale», est un élément incontournable à soigner tout particulièrement. Là, en une ou deux pages, l'entrepreneur doit pouvoir synthétiser les éléments clés de sa stratégie et expliciter ses besoins, notamment financiers. Le reste du document est en fait une justification, un approfondissement de cette synthèse de départ. Véritable outil de concrétisation de son projet, l'executive summary est particulièrement précieux à l'entrepreneur lors de la présentation face à des investisseurs potentiels pressés, disposant rarement du temps (ou de la volonté) nécessaire pour lire le business plan dans son ensemble.

Formalisation par écrit de la stratégie, le business plan est donc, en lui-même, un outil stratégique pour l'entreprise, à la fois document de communication pour les publics extérieurs, mais également outil de pilotage interne opérationnel. Sa réalisation comme sa réactualisation régulière s'avèrent indispensables à l'entrepreneur… même sans besoin particulier de recherche de financements extérieurs.

– Avez-vous fait une étude de marché au départ ?

Lorsque mon mari et moi avons décidé d'entreprendre dans les services à la personne à Cannes, nous avons réalisé deux études de marché, l'une pour choisir notre franchise, l'autre pour la zone d'implantation. Nous nous sommes beaucoup attachés à observer la concurrence, très forte dans cette région, où la densité de retraités, l'une de nos cibles, est importante. J'ai téléphoné moi-même aux concurrents, demandé les tarifs pour ma soi-disant grand-mère, obtenu des brochures, comparé les prix, les services, étudié les différents métiers autour des services à la personne... L'étude de marché peut avoir cet aspect très vivant et très concret !

– Et le business plan ?

J'ai fait mes études à Dauphine, j'ai été contrôleur de gestion dans une grande entreprise ; j'avais donc une familiarité, un confort face aux chiffres que n'avait pas mon mari informaticien. Ce type de formation donne une assise de confiance, mais, dans l'absolu, on peut entreprendre sans ces connaissances. Le business plan ne m'a donc pas fait peur. Et même sans une formation de ce type, il ne faut pas se faire tout un monde de cette étape. Le business plan est là pour permettre d'estimer si l'entreprise est viable ou pas, si elle peut tenir la route du point de vue des charges. Mais il ne fait pas tout ! Il ne doit pas être considéré comme un élément figé. De plus, chaque business plan a sa dimension subjective : optimiste ou pessimiste selon les créateurs. On peut parfois lui faire dire ce que l'on veut, c'est le risque. Moi, j'avais préféré prendre mes précautions et prévoir à la baisse. Et j'ai eu de bonnes surprises par la suite... De plus, il varie considérablement d'un lieu à un autre, d'un projet à un autre ; impossible d'avoir le même business plan à Cannes et à Brive-la-Gaillarde !

– En quoi vous a-t-il servi précisément ?

Il ne faut surtout pas que l'entrepreneur croie que son business plan sera sa future réalité. C'est surtout un outil d'aide à la décision. Il offre en fait une première visibilité. Ayant une dimension concrète, il permet de se dire « *J'y vais* » ou « *Je n'y vais pas* »... Notre business plan nous a toutefois beaucoup servi pour l'obtention de crédits auprès des banques : c'est un document qui parle bien aux banquiers. Un banquier très averti peut donner un bon avis en s'appuyant sur lui. Toutefois, le business plan n'est absolument pas un garant de réussite pour l'entrepreneur.

 **interview filmée de Julien Vioud, Baby-Speaking**

34 Gestion de projet

L a mise en œuvre de la stratégie repose, entre autres, sur la capacité de l'entrepreneur à piloter efficacement les projets porteurs de ses objectifs de développement. Pour les réussir dans la durée, il doit les avoir précisément cadrés. Il consacrera ensuite son temps, et celui de ses collaborateurs, à les gérer…

> **Projet**
>
> Dispositif temporaire de prise en charge d'une action à risques avec :
> - des objectifs quantifiés et clairs fixés *avant* son lancement
> - un résultat final tangible et des jalons (dates clés) associés à des résultats intermédiaires précis
> - des contraintes fortes de délais et de ressources
> - la nécessité de favoriser l'intervention de compétences multiples pour mener l'action à bien.

Projet et objectifs étroitement liés

De manière pragmatique, tout projet a un début et une fin. Toutefois, tant que l'entrepreneur n'a pas su en définir les bornes, il travaille sur une idée… et non sur un projet. L'aboutissement du projet correspond également à l'atteinte d'un objectif final bien défini. Cet objectif s'exprime alors généralement en termes de coût (réussir avec un certain niveau de ressources : budget, etc.), de délai (réussir en se cantonnant à un calendrier) et de qualité (réussir en respectant certaines exigences : cahier des charges, etc.). Là encore, aucun projet n'est possible sans l'expression explicite d'un objectif précis. Ainsi, simplement affirmer qu'il faudrait un site Internet ne définit pas, dans la réalité, un projet. En restant à ce niveau abstrait de formulation, l'entrepreneur perd beaucoup de temps, d'énergie et de ressources sans réellement se donner les moyens de concrétiser son intention : tâtonnements, consultation de Web agencies sans réel cahier des charges, choix de solutions inadaptées aux besoins et/ou aux moyens de l'entreprise, erreur de nomination d'un responsable se révélant peu capable de piloter ce projet…

En revanche, parler de projet défini est possible quand, après formulation d'objectifs, celui-ci peut être exprimé par exemple sous la forme concrète d'un site Internet opérationnel au 31 octobre 2011, assorti d'un budget de 2 000 euros, en conformité avec un cahier des charges précis. Dans ce cas, l'objectif est clair ; les grandes lignes sont tracées ; le projet peut être réellement lancé, pris en charge par l'entrepreneur ou délégué dans l'entreprise à un chef de projet. Ce dernier dispose véritablement d'une mission et d'une première feuille de route.

L'atteinte de la cible finale dépend également de la planification d'objectifs intermédiaires, résultats visibles obtenus à des dates précises. Le pilotage du projet s'effectue essentiellement en référence à ce jalonnement d'actions concrètes balisant le parcours vers l'objectif final.

Fil rouge

La méthode SMART pour définir des objectifs

Ce moyen mnémotechnique permet de retenir les principales caractéristiques d'un objectif :
- S comme Spécifique
- M comme Mesurable
- A comme Ambitieux
- R comme Réaliste
- T comme défini dans le Temps

1. Spécifique : un objectif reste avant tout attaché à une action ou à un projet. Il est lié à un résultat, à une situation visée. Dans sa formulation même, pour éviter toute ambiguïté, l'entrepreneur doit s'astreindre à décrire cette situation réalisée. *Les calendriers de développement de nombreuses entreprises sont souvent émaillés de formulations d'objectifs. Or ceux-ci peuvent entraîner des interprétations très variables suivant les différents intervenants. Les dérives associées génèrent souvent du gâchis en termes de temps et de ressources. Ainsi, dans un planning, comment interpréter la simple mention «cahier des charges», même associée à une date précise ? Commence-t-on à rédiger le cahier des charges à cette date ? Est-il réalisé à cette date ? Le transmet-on à un intervenant à cette date ? Seule une formulation du type, «cahier des charges rédigé et transmis au fournisseur le 15 juin 2010», par exemple, permet à chacun de focaliser ses efforts vers la réalisation d'un même objectif clair : l'action doit être achevée à une date précise.*

2. Mesurable : «*On ne maîtrise bien que ce que l'on mesure.*» L'entrepreneur doit s'approprier cette devise de tout bon contrôleur de gestion. Ainsi, un chiffre d'affaires, un résultat tangible à une date précise constituent des objectifs. Au-delà du résultat final, l'entrepreneur doit définir des résultats intermédiaires et des indicateurs lui permettant de mesurer au plus près l'avancement vers la cible finale… et de redresser le tir avant qu'il ne soit trop tard.
Attention cependant à la dérive inverse ! Dans certaines entreprises, le culte du reporting et de l'indicateur, poussé à l'extrême, entraîne des effets pervers. Les systèmes très sophistiqués ont souvent la fâcheuse caractéristique de nécessiter un temps important pour les alimenter en données : difficile d'espérer se développer commercialement quand les vendeurs consacrent plus de temps à renseigner des indicateurs qu'à prospecter…

3. Ambitieux et Réaliste : la notion d'objectif passe par du management. Piloter l'entreprise vers la réalisation d'objectifs nécessite en effet un cocktail équilibré : à la fois un niveau d'ambition apte à stimuler la volonté de développement à travers un challenge, et suffisamment de réalisme pour éviter le découragement (notamment par rapport aux marges de manœuvre de l'entreprise).
Pour séduire des investisseurs extérieurs, certains entrepreneurs affichent parfois des objectifs aussi ambitieux qu'irréalistes, avec des sauts de performance d'une année sur l'autre difficilement crédibles. Or il convient de garder à l'esprit que ces investisseurs sont particulièrement attentifs au réalisme des objectifs et restent généralement imperméables aux formules de facilité du type «Demain, on rase gratis».

4. Défini dans le Temps : c'est la définition de résultats mesurables par des indicateurs à des dates précises qui fournit l'ossature du futur système de pilotage de l'entreprise.

Les contraintes de pilotage impliquent pour le projet un suivi rigoureux, tant
au niveau du respect du planning que des ressources consommées en cours
d'avancement (Quelle quantité de ressources avons-nous utilisée jusqu'à présent? Pouvons-nous atteindre l'objectif final avec les ressources restantes?).

L'équipe projet

Un projet, simple en apparence, est généralement multidimensionnel. Le chef de
projet doit démêler différentes dimensions enchevêtrées, prendre conscience de
la diversité des compétences à mettre en œuvre et constituer une équipe adaptée
disposant de ce profil de compétences pour le développer.

À noter

L'humain au cœur de la réussite du projet

De nombreux projets sont trop souvent engagés sur un mode essentiellement
technique, comme la mise en place d'un nouveau système informatique dans
une entreprise. Si ces projets échouent régulièrement, c'est en raison d'une prise
en compte insuffisante de leur dimension humaine. En effet, installer un nouveau
logiciel est une opération rapide, techniquement simple, mais ce changement
dérange par une modification en profondeur des habitudes de travail : l'adaptation de chacun nécessite du temps. L'outil prend, dans ce cas, le risque d'être
rejeté par un personnel incapable d'en percevoir les avantages. Une forte dimension d'information et de formation est donc indispensable en parallèle à tout
développement technique. Pour réussir, ce facteur humain doit être forcément pris
en compte dans tout projet.

L'équipe projet ainsi constituée peut être complétée par des contributeurs externes mobilisés, eux aussi, sur l'objectif final. Pas d'équipe cependant sans définition explicite des rôles et des responsabilités de chacun : cette clarification est la clé de voûte du déroulement efficace du projet.

Gérer efficacement ses projets constitue une compétence clé pour la jeune entreprise. Son développement est étroitement lié à la présence de projets dans de nombreux domaines : nouveaux produits, nouveaux outils de communication, approche de nouveaux marchés, etc. L'entrepreneur doit donc mettre en place les conditions d'un renforcement permanent de cette compétence à générer et gérer des projets. L'instauration de bilans systématiques, comme décrits dans le fil rouge suivant, peut l'y aider en lui permettant de tirer des enseignements des réussites comme des échecs.

D'une façon plus générale, objectifs, actions, projets et organisation de la mise en œuvre sont seulement des outils. Seule l'efficacité opérationnelle, et donc le facteur humain lors de leur utilisation, permet à l'entreprise de concrétiser (ou pas) le développement prévu dans sa stratégie. Ainsi, une entreprise peut s'être dotée d'une stratégie adaptée, avoir mis en place les outils et l'organisation permettant sur le papier d'atteindre ses objectifs… mais peut échouer pour d'autres raisons, souvent liées au facteur humain.

Trois points déterminants dans l'efficacité opérationnelle

La capacité de management

Une fois le cap fixé, les objectifs définis, l'organisation mise en place, l'entrepreneur doit déployer une capacité à mettre cet ensemble sous tension, à impulser une dynamique, à entraîner l'entreprise, bref, à la manager pour réaliser sa vision. Cette capacité de management doit également s'étendre au-delà de l'entreprise, entre autres dans son rapport avec les partenaires ou sous-traitants, parties prenantes de sa stratégie.

La motivation des équipes

L'entrepreneur peut avoir défini une nouvelle stratégie pour l'entreprise, pourtant celle-ci restera lettre morte si son personnel n'est pas déterminé à l'appliquer. Ce point est particulièrement critique dans les cas de reprise d'entreprise, quand l'entrepreneur repreneur est amené à mettre en œuvre une stratégie très éloignée de celle suivie depuis longtemps par les équipes en place, pas forcément motivées à l'idée d'opérer un virage à 180 degrés dans leur façon de travailler.

Le professionnalisme ajusté à la trajectoire de développement

Dans sa mise en œuvre, la stratégie doit également prendre en compte les compétences des équipes. Ainsi, en l'absence d'une force de vente maîtrisant des langues étrangères, une stratégie de développement à l'international paraît difficilement envisageable.

Une gestion de projet performante s'appuie donc avant tout sur ces quelques principes de bon sens dont les règles d'or sont :

- bien cadrer les projets avant de les lancer ;
- anticiper les risques ;
- mettre en place une équipe et un mode de fonctionnement adaptés ;
- prendre le temps d'analyser tout résultat et en tirer des enseignements dans la perspective de progresser.

Ces quelques actions s'avèrent souvent plus profitables que l'acquisition de la dernière version à dimension magique d'un logiciel de gestion de projet…

Enfin, la mise en œuvre implique aussi et surtout une prise de conscience, par l'entrepreneur, du caractère crucial du facteur humain pour la réussite de son développement.

35 Gestion des risques

Les risques sont inhérents à tout projet. Difficile de les éliminer complètement ; toutefois, analysés et gérés, ils peuvent être réduits au minimum. L'analyse et la gestion des risques doivent être permanentes, régulièrement actualisées. Un projet évolue au cours du temps et avec lui évoluent la nature et le niveau des risques.

> **Risque**
>
> Élément susceptible d'empêcher l'atteinte du résultat voulu en termes de coût, de délai ou de qualité sur un jalon déterminé.

Dimensions multiples du projet

Un projet possède des dimensions multiples : de nombreux angles sont donc à prendre en compte. Ainsi, l'ouverture d'une filiale à l'étranger nécessite des dimensions juridiques (statut, création de l'entité, etc.), humaines (recrutement de personnel, etc.), logistiques (recherche et identification de locaux, etc.), commerciales (développement de l'activité sur la zone de la filiale, etc.). Or, sur chacune de ces dimensions, des résultats devront être atteints, à des dates précises, pour permettre à la filiale d'être opérationnelle dans les temps.

Ces éléments permettent de définir des jalons et de baliser le déroulement du projet. L'analyse doit être réalisée une première fois avant le lancement du projet et réactualisée à chaque étape du suivi. Pour chaque jalon, le chef de projet doit se poser des questions clés et s'efforcer d'y répondre.

Les questions fondamentales sont définies dans le fil rouge suivant. Toutefois, c'est la rapidité des actions découlant de cette analyse qui fait la différence : seule cette double posture anticipation/action permet de sécuriser le développement du projet face aux risques potentiels.

Double lecture des risques

Comme tout autre projet, le projet entrepreneurial comporte son lot de risques. Pour gagner en maîtrise, une double lecture de celui-ci est nécessaire.

En tant que métaprojet regroupant tous les autres projets nécessaires à son développement

Dans cette approche, la réussite du projet entrepreneurial est fortement liée à la réussite de ses sous-projets associés. L'échec de l'un de ces projets peut produire un impact fort sur le projet entrepreneurial dans son ensemble (par exemple, retard dans le développement d'un produit stratégique pour l'activité).

En tant que projet en soi comportant ses risques propres

Même si les risques sont étroitement liés à la nature et au contexte de chaque projet entrepreneurial, trois principes généraux d'actions doivent permettre d'en limiter globalement le niveau de risque.

Premier principe : rechercher la flexibilité

L'entrepreneur doit, là encore, s'inscrire dans une démarche d'expérimentation permanente. Sont alors primordiales pour sa réussite ses capacités à tester, à analyser les résultats et à procéder *rapidement* à des réajustements. Afin d'améliorer la capacité de réaction, la mise en place d'indicateurs pertinents permet d'obtenir la bonne information au bon moment (voir module 36).

Deuxième principe : établir des liens de cohérence entre actions et projets menés dans les différents champs du système entrepreneurial

Être performant dans chacun de ces champs de manière cloisonnée ne suffit pas : l'entrepreneur doit vite prendre conscience de leurs interrelations et de la nécessité pour lui de penser chacune de ses actions de manière systémique (en globalité). Il lui faut en effet anticiper leurs impacts possibles sur d'autres actions menées parallèlement dans d'autres champs. Ainsi, ne pas communiquer (champ «mobiliser et communiquer») au bon moment sur un produit en lancement (champ «créer et développer») peut, bien entendu, avoir un impact non seulement sur les résultats obtenus par ce produit, mais également sur le projet entrepreneurial dans son ensemble.

Troisième principe : s'ouvrir au champ de tous les possibles

Dans sa recherche de scénarios de développement, l'entrepreneur ne doit pas se limiter à la première bonne idée venue : la solution unique n'existe pas. Il doit en effet se constituer un stock de scénarios alternatifs. Même s'il est amené à figer sa trajectoire de développement à un moment de la réflexion stratégique, il ne doit pas perdre de vue les autres solutions possibles, préalablement écartées dans un premier temps. Ces solutions pourront constituer plus tard les composantes d'un plan B, au cas où ses premières orientations ne produiraient pas les résultats escomptés.

Le risque se situe donc au cœur de la gestion de tout projet entrepreneurial, quels qu'en soient le lieu et la dimension. Les potentialités d'échec sont multipliées si aucun travail n'est effectué sur la maîtrise des risques associés. Pour assurer les conditions de réussite, il est par conséquent indispensable de mettre en place des outils, des démarches et des principes d'action en parfaite adéquation avec le projet.

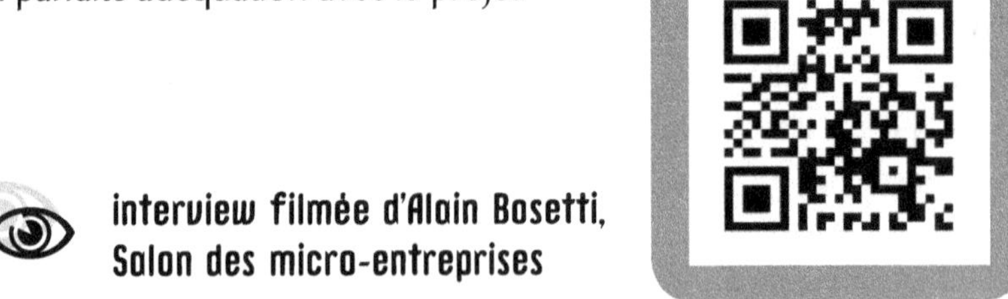

interview filmée d'Alain Bosetti,
Salon des micro-entreprises

36 Indicateurs de pilotage

L a mise en œuvre de la stratégie se traduit, *in fine*, par l'atteinte ou non du résultat économique visé. Ce résultat n'est que le produit de la qualité du dispositif choisi. Pour l'entrepreneur, veiller à maintenir l'entreprise sur la route définie par le business plan nécessite de sélectionner des indicateurs l'avertissant régulièrement des écarts éventuels enregistrés par rapport au cap initial.

Deux dimensions

Comme évoqué précédemment, le business plan regroupe deux dimensions indissociables.

– **Dimension stratégique** : à travers les grandes orientations choisies par l'entrepreneur pour le développement de son entreprise.

– **Dimension de mise en œuvre** : à travers les objectifs concrétisant ces orientations et les moyens nécessaires à la réalisation de ces objectifs (actions, projets, ressources).

L'expression «indicateurs de gestion», souvent évoquée dans la littérature traditionnelle d'entreprise, peut sembler parfois trop statique. En effet, elle est uniquement attachée aux aspects financiers. Or, il s'agit ici avant tout d'assister de façon dynamique le pilotage de l'entreprise en fixant l'horizon (les objectifs finaux de la stratégie).

Toutefois, il faut aussi être en mesure de réagir rapidement et efficacement aux obstacles et autres impondérables surgissant au quotidien, tout au long du parcours. Comme illustré par le schéma ci-dessous, l'entrepreneur peut (et doit) sélectionner des indicateurs à différents niveaux pour constituer son propre système de pilotage.

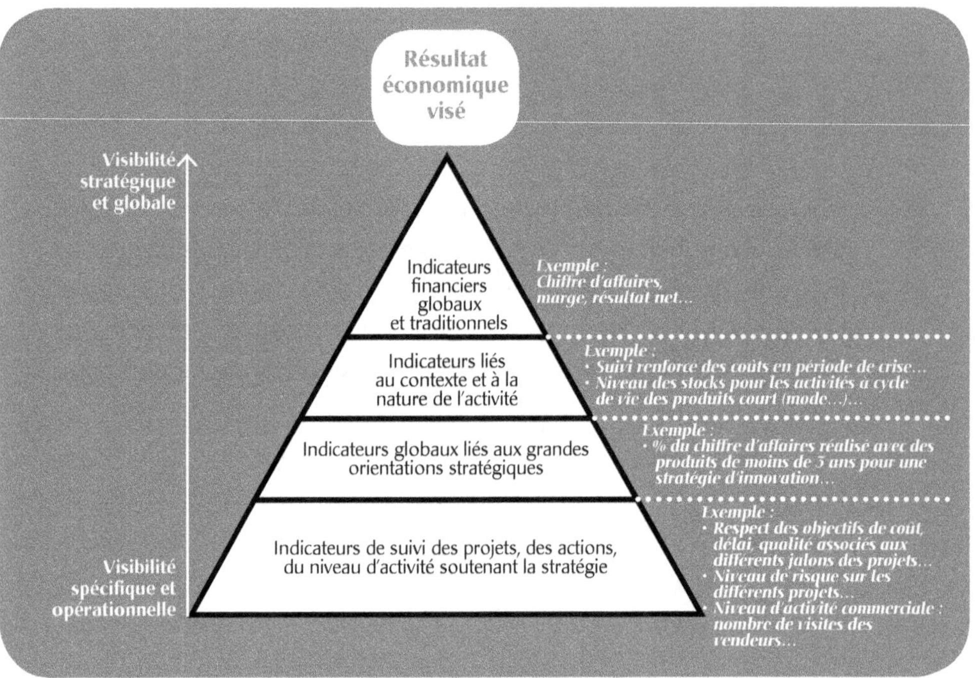

Schéma 24 - Les niveaux d'indicateurs dans le pilotage de l'entreprise

Limites des indicateurs financiers traditionnels

Trop d'entrepreneurs se contentent de suivre leur progression vers le résultat économique final à travers seulement quelques indicateurs financiers traditionnels (chiffre d'affaires, marge, résultat net, etc.). Certes, ces indicateurs sont

importants et permettent de visualiser la performance globale de l'entreprise ;
mais ils montrent rapidement leurs limites à contribuer à son pilotage réel.

Arrivée tardive

Ces indicateurs arrivent trop tard au regard de l'impératif de flexibilité, souvent
gage de survie pour la jeune entreprise. En effet, si le niveau de chiffre d'affaires
mensuel réalisé est inférieur à la prévision, il est impossible de pouvoir l'améliorer, en tout cas pour le mois écoulé.

Trop d'éléments

Ces indicateurs agrègent beaucoup trop d'éléments pour permettre d'identifier des actions correctives à lancer. Ces éléments se manifestent comme des
symptômes. Or, l'entrepreneur se doit de repérer des causes pour pouvoir agir
sur elles et piloter avec efficacité. Ainsi, quand le volume de marge n'est pas
au rendez-vous, est-ce à cause des prix pratiqués ? Des coûts ? D'une activité
moindre des vendeurs ? Parce que le lancement d'un produit stratégique à plus
forte marge a pris du retard ?

Responsabilisation minime

Ces indicateurs responsabilisent peu le personnel de l'entreprise : comment un
vendeur peut-il se sentir réellement concerné par le résultat net de l'entreprise
si, dans son activité quotidienne, il n'exerce qu'une influence exclusive sur la
partie ventes affectant cet indicateur ?

Ces indicateurs, même s'ils ont une grande importance, constituent seulement
la face émergée de l'iceberg du pilotage de l'entreprise. Il est en effet plus bénéfique pour l'entrepreneur de définir des indicateurs de rentabilité au niveau de
ses actions et projets que de suivre cette rentabilité uniquement au niveau de
l'entreprise.

Figures imposées
et figures libres

Avant même d'envisager des indicateurs spécifiques à une stratégie, certains s'imposent par le contexte où s'exerce l'activité de l'entreprise ou par la nature même de l'activité. Ainsi, dans une période de crise économique ou même en période favorable, il paraît naturel de mettre en place, à tous les niveaux, un suivi renforcé des coûts. De la même façon, certains indicateurs semblent naturels par rapport au secteur d'activité de l'entreprise (rentabilité au mètre carré pour une activité de distribution, etc.). Là encore, ce type d'indicateur, pourtant très proche de l'activité opérationnelle de l'entreprise, peut, dans certains cas, rester encore trop global ou centré sur une notion de constat.

À noter

Des indicateurs en temps réel

La pertinence des indicateurs dépend de la capacité de l'entreprise à mettre en place des outils favorisant la remontée rapide des informations. Disposer en temps réel du nombre de ventes par produits permet de lancer, à la journée, des cycles de fabrication/livraison, comme dans certaines enseignes de vêtements (Benetton, Zara, etc.). Cette possibilité prend, dans le pilotage d'une entreprise de distribution, une valeur supérieure à un simple bilan mensuel des stocks.

D'autres indicateurs sont spécifiques à la stratégie choisie par l'entreprise. Ils permettent à l'entrepreneur de s'assurer de la cohérence de ses résultats avec les axes stratégiques structurant son développement. Ainsi, une stratégie de développement à l'international peut difficilement faire l'impasse du suivi d'un indicateur de type : pourcentage du chiffre d'affaires réalisé à l'international… À ce niveau de suivi, le champ des figures imposées doit être abandonné au profit de celui des figures libres. En effet, si quelques indicateurs sont devenus des classiques face à certaines options stratégiques (comme le pourcentage du chiffre d'affaires réalisé avec des produits de moins de x ans dans le cadre d'une stratégie d'innovation), l'entrepreneur doit pouvoir éprouver sa créativité

à la définition d'autres indicateurs pertinents. Ils sont susceptibles de baliser les grands axes de la stratégie et surtout aptes à parler en termes clairs de l'évolution de l'entreprise.

Indicateurs de suivi opérationnels

Les indicateurs opérationnels constituent la base sur laquelle doivent s'appuyer les niveaux supérieurs de suivi. Si les autres niveaux d'indicateurs sont souvent des photos panoramiques de l'état de l'entreprise, ces indicateurs-là résultent de zooms sur des projets ou des actions ou bien encore sur le niveau d'activité nécessaire à l'atteinte des objectifs de l'entreprise. Ces indicateurs sont souvent par nature moins financiers que les autres. Toutefois, les éléments entrant dans leur zone de surveillance ont, quant à eux, un impact économique bien réel. Ainsi, quand survient un retard sur un projet de rationalisation de l'outil de production, toute la marge de l'entreprise s'en trouve affectée.

Les projets peuvent donc être suivis par des indicateurs illustrant leur respect des objectifs de coût, de délai et de performance, associés à leur jalonnement. Les autres actions susceptibles de produire un impact sur les résultats de l'entreprise nécessitent également un suivi spécifique. Ainsi, le niveau de baisse des coûts d'achat peut être suivi dans le cadre d'une action d'amélioration de la marge.

Enfin, l'activité commerciale, au cœur de la génération du chiffre d'affaires de l'entreprise, mérite une attention toute particulière. Des indicateurs (temps moyen pour parcourir le cycle de vente, nombre de prospects à approcher pour une vente, etc.), mis normalement en place dès la phase de lancement, peuvent être complétés par d'autres : nombre moyen de visites par vendeur, temps alloué à la prospection, pourcentage de nouveaux clients, nombre de clients perdus ou gagnés.

Pour piloter efficacement son entreprise, l'entrepreneur recherche donc un équilibre entre deux niveaux de suivi : global et stratégique ; spécifique et opérationnel. Le choix des indicateurs doit le placer dans une posture de vision hélicoptère : avec à la fois une vue d'ensemble et l'opportunité de pointer sur un détail, révélateur d'un risque d'écart par rapport à la trajectoire de développement prévue.

 **interview filmée de Jean-Louis Jeannin, Social Etic**

37 Le financement du projet

Lors de la création d'une entreprise, l'éternel problème est de trouver les fonds nécessaires au démarrage et à la gestion quotidienne de l'entreprise. Très souvent, l'apport personnel ne suffit pas et le créateur doit trouver des apports complémentaires. Suivant les besoins financiers du créateur, on distingue deux catégories principales de ressources financières et, en parallèle, une multitude d'autres possibilités.

Les capitaux propres

Ces apports (ressources financières de l'entrepreneur et de ses associés) sont indispensables pour obtenir la crédibilité auprès des tiers ou des banques lors d'une demande de crédit. S'associer pour réunir les fonds nécessaires est une solution au manque de financement individuel. Toutefois, un pacte d'associés devra être rédigé pour organiser harmonieusement les relations entre les différents associés. Une autre solution consiste à faire appel à des amis ou à la famille (*love money*) en encadrant toutes les conditions et conséquences d'entrée et de sortie de l'entreprise.

Les emprunts à moyen ou à long terme

Pour obtenir un emprunt, c'est vers la banque que se tourne tout naturellement le créateur. Les établissements financiers exigent de sérieuses garanties et un apport personnel du créateur à hauteur d'un tiers des financements, ce qui n'est pas toujours facile à réunir.

De nombreuses autres sources de financement

Il s'agit des aides, subventions, prêts d'honneur, du recours aux business angels, aux investisseurs locaux ou régionaux, aux entreprises en recherche de diversification, etc. Il est à noter que plusieurs organismes ont été créés avec pour vocation de mutualiser les risques pris par les banques, *via* des garanties ou le cofinancement (par exemple, OSEO : www.oseo.fr).

Le créateur devra non seulement déterminer le montant de ses besoins financiers, mais surtout analyser et séparer les différents éléments à financer comme les investissements, le renouvellement des stocks, les délais de paiement des clients, etc. Chaque ressource de financement doit correspondre à une utilisation particulière. Il est à noter que le banquier par exemple, pour des raisons de garantie, ne financera par l'emprunt que les investissements qui sont constitués de biens récupérables.

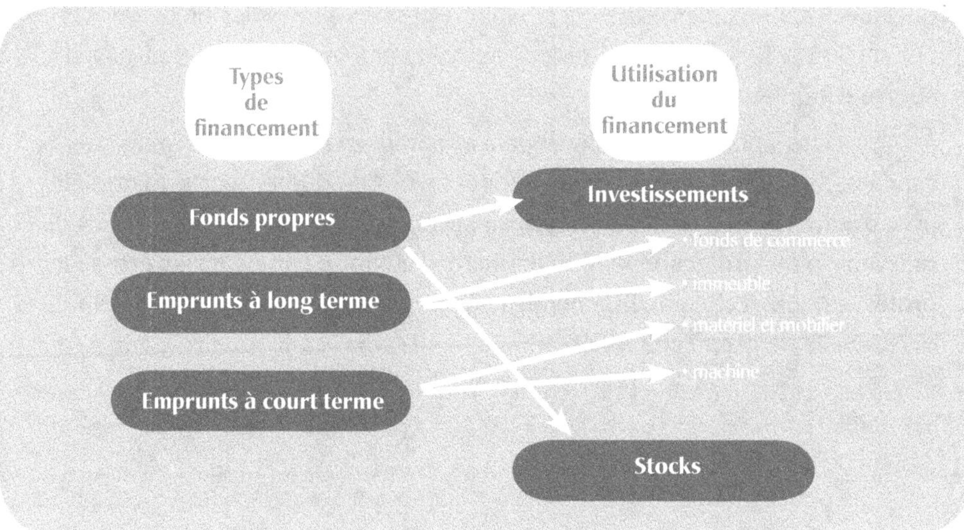

Schéma 25 – Adapter le type de financement

L'enjeu de la capitalisation de départ

L'insuffisance de fonds propres peut grandement freiner la dynamique d'une entreprise et hypothéquer ses possibilités de développement. Le recours aux capitaux extérieurs devient, lors du développement, une priorité de gestion, particulièrement lorsque le pouvoir appartient pratiquement aux détenteurs de plus de 50 % du capital.

Cet état de fait provoque en effet fréquemment une sous-capitalisation au démarrage de l'entreprise pour éviter que le fondateur soit dilué au départ (moins de 50 % du capital) et perde le contrôle de son entreprise. La sous-capitalisation entraîne alors souvent une situation de crise : la dépense rapide d'un capital de départ trop faible conduit à la faillite avant même d'avoir pu faire ses preuves.

La capitalisation de départ, souvent sous-estimée, est pourtant prioritaire pour réussir le démarrage. Dès le début, il est indispensable de mettre au point, avec les autres actionnaires, le mécanisme par lequel le créateur, certes minoritaire par son capital, conserve cependant un pouvoir dans la gestion de son affaire. Cas particulier des entreprises créées dans les secteurs de haute technologie : quelque 3 à 5 ans d'investissement étant nécessaires avant les premières ventes, seuls 5 à 10 % du capital restent au créateur – mais ceci ne doit pas être source d'inquiétude.

Malgré cette apparence d'indépendance, partir seul, majoritaire mais sous-capitalisé, s'avère par conséquent moins favorable que de partir minoritaire avec d'autres partenaires. L'enjeu principal consiste à se donner les moyens de redevenir plus tard actionnaire majoritaire, d'autant plus que les investisseurs professionnels recherchent généralement la plus-value sans aucune volonté personnelle de gérer l'entreprise.

Capital-investissement : des acteurs pour chaque étape de développement

Le capital-investissement permet à une entreprise non cotée en Bourse de financer sa croissance par le biais d'investisseurs institutionnels et privés subvenant aux besoins en fonds propres. Le capital-investissement finance :

- la création et le démarrage (capital-risque) ;
- la croissance et la maturité (capital-développement) ;
- la transmission ou l'aquisition d'entreprises (capital-transmission).

AFIC (Association française des investisseurs en capital) : www.afic.asso.fr

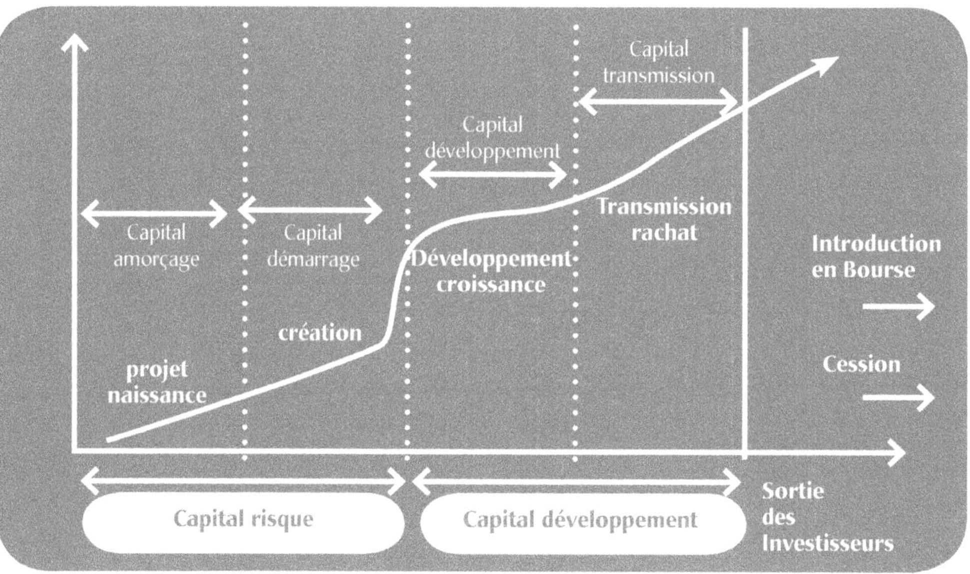

Schéma 26 – Le capital-investissement

Le capital-investissement génère donc une réelle valeur ajoutée en aidant à la construction de PME plus performantes et mieux structurées. Il représente un soutien fondamental de l'entreprise tout au long de son existence.

 interview filmée de Marie-Laure Ruhemann, Advancia-Negocia

38 Business angels

Une entreprise en création n'a aucune garantie à offrir aux banques, à l'exception de celle qui négocie des emprunts pour l'achat d'un bien immobilier qui servira de garantie. Ce problème de financement de la jeune entreprise a été surmonté depuis longtemps aux États-Unis, en Grande-Bretagne et en Israël par l'intervention des business angels.

Des investisseurs encore rares

En France, le recours à ces investisseurs privés est encore trop peu répandu. Pourtant, très tôt après la création, certaines entreprises gagneraient à solliciter des business angels : ils répondent aux problèmes de financement des sociétés en phase initiale de développement quand aucune organisation institutionnelle ne peut assumer l'ampleur de certaines prises de risque, pas même les fonds d'amorçage.

Business angel

Investisseur privé, individuel, qui apporte à l'entreprise en création ses conseils, ses réseaux de relations, sa compétence et des capitaux. Souvent actionnaire de l'entreprise à long terme, il prend des risques en échange de perspectives de profits. Les business angels peuvent être des salariés, des cadres dirigeants, voire des chefs d'entreprise. Ils investissent seuls ou parfois en groupe par le biais d'un pacte d'actionnaires afin de répartir le risque. Les montants investis par entreprise varient de 25 000 à 250 000 euros.

Généralement motivés par le projet, les business angels choisissent d'investir par acte de confiance en celui-ci et en son dirigeant. Ils lui offrent leur appui, par un suivi plus ou moins formel, avec comme double volonté d'investir et de s'investir dans une entreprise au potentiel intéressant. Ces «anges des affaires» acceptent d'investir lorsque le risque est élevé. En effet, en prenant le risque d'investir tôt, ils espèrent, en cas de succès, réaliser une meilleure plus-value. En ce sens, ils recherchent plutôt à investir dans des entreprises innovantes dont le potentiel de croissance est important. Les business angels ne sont toutefois pas altruistes : ils investissent très rarement dans des projets sociaux ou dans la seule perspective d'acquérir une reconnaissance personnelle.

Où rencontrer des business angels ?

La difficulté, pour les investisseurs, d'être informés de l'existence de projets de qualité et, pour les porteurs de projet, d'identifier les investisseurs privés, a donné lieu à la création de réseaux de business angels. Ceux-ci jouent un rôle d'interface entre business angels et porteurs de projets. Ils sélectionnent des projets, identifient des investisseurs potentiels et les informent des nouvelles opportunités d'investissement par le biais de courriers, de sites Internet ou de forums.

En pratique

Des réseaux pour contacter des business angels

Une liste de tous les réseaux de business angels est fournie par les institutions régionales et les chambres de commerce. Il suffit ensuite de contacter ces réseaux, de leur envoyer son business plan, pour être mis en relation.

Réseaux de business angels :
- European business angels network : www.eban.org
- France : www.franceangels.org ; www.femmesbusinessangels.org ; Investessor : www.investessor.fr ; Invest'95 (Montmorency, Val d'Oise).

Un jeune entrepreneur, Aziz Senni, a créé en 2007 une société de capital-risque dédiée aux entrepreneurs des banlieues : Business Angels des Cités (BAC) :

Des tuteurs pour les entrepreneurs

L'investissement des business angels est essentiellement effectué en capital, non sous forme de prêt. Il s'agit par conséquent d'investissements «patients». En effet, les business angels maintiennent leur capital dans l'entreprise durant au moins 5 ans pour bénéficier d'avantages fiscaux (loi TEPA du 21 août 2007).

À noter

TEPA : une loi favorisant l'investissement en faveur des créateurs

La loi TEPA du 21 août 2007 accorde une réduction de 75 % du montant de l'impôt de solidarité sur la fortune (ISF), jusqu'à 50 000 euros par an aux contribuables qui investissent dans des PME non cotées, ou effectuent des dons aux établissements publics d'enseignement et de recherche ou aux fondations d'utilité publique.

Le soutien des business angels aux jeunes entreprises ne se limite pas à un apport de capitaux : les business angels peuvent faire office de véritables tuteurs pour les porteurs de projet. Leur expérience, leurs conseils et leurs réseaux de relation constituent des aides précieuses pour le bon développement de la nouvelle entreprise. Rarement présents dans la gestion quotidienne de l'entreprise, ils sont là toutefois lors des décisions stratégiques. Par leur intervention, ils apportent ainsi à l'entreprise à la fois des moyens financiers, une expertise économique et un réseau relationnel.

Il ne s'agit pas néanmoins de dresser un portrait idyllique de ces investisseurs : ce sont tout, sauf de purs mécènes. S'ils souhaitent partager les frissons du lancement et du développement de l'entreprise, ils n'en sont pas moins motivés par la perspective d'un gain financier supérieur à ce qu'un placement boursier classique pourrait leur apporter. Cela étant, ils sont généralement conscients des risques encourus et les assument pleinement.

En pratique

Comment capter l'intérêt d'un business angel ?

Quatre actions clés aident à orienter la présentation de projet à un business angel :
- instaurer la confiance en la valeur du projet ;
- démontrer la potentialité de croissance du marché ;
- présenter l'avantage concurrentiel du produit ou du service commercialisé proposé ;
- dégager le potentiel de croissance de l'entreprise.

D'autres facteurs peuvent influencer la décision d'investissement du business angel : un secteur d'activité familier ou un projet recommandé par une source de confiance.

La présence de l'investisseur reste cependant limitée dans le temps. En effet, il cherche à sortir de l'entreprise à l'horizon de 5 ans en moyenne, clause mentionnée s'il y a lieu dans le pacte d'actionnaires. Ce document juridique organise les relations entre les actionnaires au sein de la société. Il complète ou modifie les statuts d'une SA ou d'une SAS et réglemente les modifications de la répartition du capital social en cas de cession (conditions de sortie, clauses de protection, etc.).

 interview filmée d'Hervé Azoulay, ATHES

Interview

Claude Boulot, coprésident d'Investessor, club des business angels de Paris-Hauts-de-Seine

« La fédération France Angels a fait qu'en 5 ans le nombre des réseaux associatifs de business angels dans le pays est passé de moins d'une dizaine à plus de 80. En 2010, ses réseaux regroupent près de 4 000 angels actifs. Le phénomène permet à de plus en plus d'entreprises innovantes au stade de la création, presque partout dans les régions, de bénéficier enfin de l'accompagnement de business angels. [...] L'accompagnement de l'entrepreneur par les business angels des réseaux est d'un grand intérêt économique : il ne consomme pas les rares ressources de l'entreprise et les business angels sont nombreux. En plus, c'est un suivi de qualité par des gens ayant une profonde culture d'entreprise, qui le font avec la passion entrepreneuriale et veulent le succès de la boîte comme de l'entrepreneur lui-même. La réussite du projet est la seule voie pour eux de récupérer leur mise, voire de faire une plus-value, ce qui n'arrive pas souvent. Mais il reste toujours la profonde satisfaction de vivre une aventure, une conquête de l'Ouest du XXIe siècle, une longue marche en terra incognita ! Accompagner à plusieurs, à coût zéro avec compétence et passion, l'envol d'une entreprise qui va créer de la richesse et de l'emploi, c'est là un rôle d'intérêt général que remplissent les business angels des réseaux. »

Source : Yann Le Galès, blog Figaro.fr, 15 juin 2010

39 Capital-risque et capital-développement

Le capital-risque et le capital-développement constituent l'essence même du capital-investissement. Le capital-risque intervient au moment de la création de l'entreprise ou dans les premières phases de la vie de l'entreprise pour le financement de l'innovation, des nouvelles technologies et des biotechnologies. Le capital-développement, lui, intéresse l'entreprise dans sa phase de croissance, lorsqu'elle a pu montrer son potentiel de développement.

Le capital-risque : catalyseur de l'innovation

Le capital-risque (ou «*venture capital*») finance les nouvelles entreprises pleines de promesses ou des entreprises innovantes ayant besoin d'un temps consacré à la R&D. Longtemps, le capital-risque est resté l'apanage des États-Unis. Il a décollé en Europe à la fin des années 1990, accompagnant l'essor des nouvelles technologies de l'information et des biotechnologies.

Alors que la banque prête de l'argent et se rémunère sur le taux d'intérêt, le capital-risqueur (ou «*venture capitalist*»), en tant qu'investisseur en capital, possède des actions de l'entreprise et en est donc en partie propriétaire.

L'investisseur en capital-risque choisit de prendre des participations dans le capital de sociétés, mais son unique objectif est de les revendre ensuite avec une plus-value, celle-ci constituant sa rémunération. Lorsque le démarrage de l'entreprise est bien réussi, quand ses besoins financiers deviennent très importants, plusieurs investisseurs en capital-risque peuvent choisir de se regrouper. Dans ce cas, les apports financiers peuvent atteindre ou dépasser plusieurs millions d'euros. En règle générale, les professionnels commencent à investir à partir d'un besoin financier de l'ordre de 500 000 euros. Ils deviennent alors les relais des business angels (voir module 38).

Le rôle du capital-risque est de contribuer au financement des fonds propres nécessaires au lancement de l'entreprise. Dans la phase d'analyse, un business plan complet et crédible doit permettre à l'investisseur d'évaluer le projet dans tous ses aspects. Sont pris également en compte les critères suivants :

• rapidité de croissance de l'entreprise ;

• opportunités du marché ;

• qualités managériales du dirigeant ;

• avantage concurrentiel (savoir-faire, brevets, etc.).

En pratique

Les fonds communs de placement à risque susceptibles d'intervenir dès la création d'une entreprise

– Les fonds communs de placement à risques (FCPR) collectent l'épargne publique des personnes morales et physiques pour l'investir en valeurs mobilisées (actions ou obligations convertibles).
– Les fonds communs de placement dans l'innovation (FCPI) facilitent le développement des PME innovantes. Pour être innovantes, les PME doivent réaliser un certain niveau de dépenses en R&D ou obtenir la reconnaissance de produits innovants par un établissement public compétent.
– Les fonds d'investissement de proximité (FIP) favorisent les PME régionales.
– Le capital-risque industriel (ou «*corporate venture capital*») envisage des synergies industrielles entre de jeunes PME et un groupe industriel.

Le capital-développement : accélérateur de croissance

Lorsque l'entreprise a passé la première étape de sa création avec succès, après avoir fait appel au capital-risque, elle a besoin de nouveaux capitaux pour se développer. À ce stade intervient le capital-développement pour prendre la suite du développement.

En France, près de 15 000 PME possèdent une croissance annuelle supérieure à 10 %. Or, seules 600 d'entre elles font appel au capital-développement. Il existe donc un potentiel inexploité d'entreprises pouvant en bénéficier. Toutefois, leur réticence s'explique par le fait que les capital-développeurs sont très exigeants en termes de pièces à fournir pour prouver la viabilité du projet.

Accroître la performance des PME

Par sa méthodologie et son expérience financière, le capital-développeur peut aider l'entreprise à progresser dans un environnement économique contraignant. De ce fait, les PME soutenues par le capital-développement enregistrent des performances supérieures aux autres.

+	➜	–
Renforce les fonds propres de l'entreprise.		Litiges entre l'entrepreneur et le capital-développeur en raison d'éléments non anticipés.
Assure la stabilité financière.		Difficultés des fonds d'investissement à prendre réellement en compte la situation des entreprises.
Favorise une image positive de l'entreprise auprès des banquiers, fournisseurs, collaborateurs, etc.		

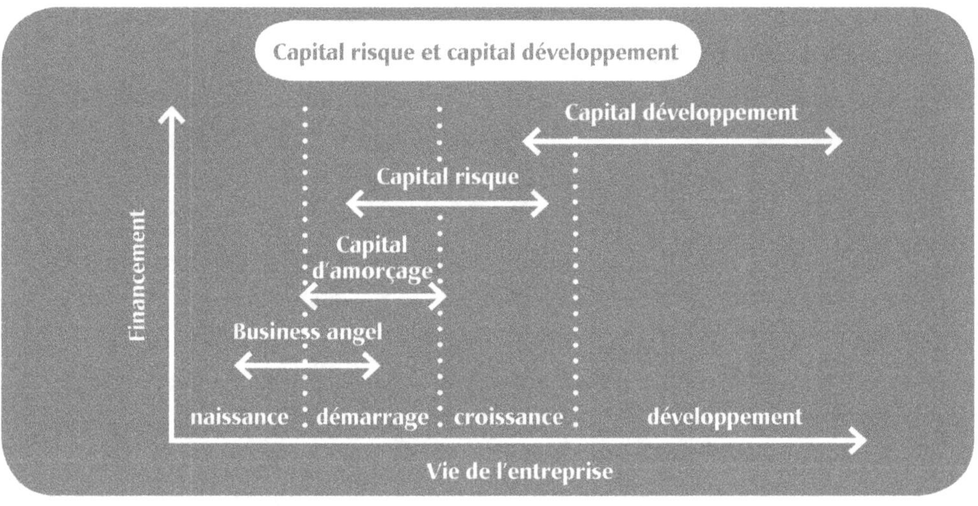

Schéma 27 - Capital-risque et capital-développement

La sortie des investisseurs

La perspective de désinvestissement est inhérente à l'investissement, car l'objectif de tout investisseur est de recueillir un bénéfice, puis de sortir du capital. Parmi les sorties possibles, citons d'abord la plus noble, l'introduction en Bourse, mais aussi le rachat par une autre entreprise (par exemple un concurrent), sortie couramment utilisée, ou encore le rachat par le ou les entrepreneurs eux-mêmes.

Le meilleur choix pour un entrepreneur est celui d'un investisseur en capital expérimenté capable d'apporter non seulement des fonds, mais aussi une véritable expertise stratégique à l'entreprise. Selon une étude conjointe de l'AFIC (Association française des investisseurs en capital) et d'Ernst & Young (2007), les sociétés financées par le capital-risque connaîtraient une croissance supérieure à celles n'y ayant pas recours. Cependant, l'importance des montants en jeu oblige les capital-risqueurs à se spécialiser dans un domaine afin de réduire les risques au maximum. Ce type de financement ne s'ouvre donc pas à toutes les entreprises. Enfin, l'entrepreneur doit veiller à bien négocier les modalités de management au début du partenariat avec un professionnel du capital-risque pour que la collaboration soit harmonieuse et profite aux deux parties.

interview filmée d'Hervé Azoulay, ATHES

Mobiliser et communiquer

Flash
Asseoir sa légitimité

Ce champ est celui de la communication au service du développement de l'entreprise, fondamental pour son succès. En communiquant auprès de différents acteurs, l'entrepreneur peut les mobiliser et asseoir sa nouvelle légitimité dans un environnement où d'autres acteurs sont souvent déjà installés.

La préoccupation de communication doit survenir très tôt dans la démarche de création. Après avoir conçu une première offre, l'entrepreneur doit en effet la tester en la faisant connaître et évoluer ainsi dans une démarche d'expérimentation. Il doit convaincre à la fois des parties prenantes internes (associés, employés, fournisseurs) et des publics externes (banquiers, business angels, clients, réseaux). Il lui faut se vendre, vendre son entreprise et son offre. Cette démarche de communication devient ensuite permanente tout au long du développement de l'entreprise.

À noter

La communication, clé du développement

Une carence dans ce domaine peut annihiler tous les efforts de l'entrepreneur réalisés dans la sphère «créer et développer» et pénaliser lourdement le développement : un bon produit souffrant d'une mauvaise communication aura plus de mal à réaliser de bonnes performances.

Le champ de la communication est trop souvent négligé par l'entrepreneur, focalisé sur la publicité émise quotidiennement par les grandes entreprises. Or la communication débute avant tout par un message destiné à une cible, indépendamment de la matérialisation de ce message sous différentes formes (site Internet, brochure, campagne de communication, etc.). Communiquer est en outre plus ou moins accessible financièrement.

Un bon réseau relayant un message clair, favorable à l'entreprise, s'avère tout aussi performant et beaucoup moins coûteux que certaines campagnes de communication. Il ne faut pas l'oublier, la communication est essentielle à toute nouvelle entreprise. Celle-ci doit en effet consacrer beaucoup d'énergie à acquérir une légitimité dans son environnement ou, de façon plus délimitée, dans son secteur d'activité. Il s'agit d'un exercice difficile de conviction, voire de persuasion, nécessitant en amont l'élaboration d'une stratégie de communication bien pensée et ciblée.

L'entrepreneur doit également faire preuve de créativité pour concevoir, avec des ressources limitées, des outils de communication à fort impact. Ces outils sont autant de mini-projets à gérer. Comme dans le champ «créer et développer», là encore, la pratique d'outils de gestion de projet adaptés à la jeune entreprise peuvent l'aider à maîtriser ces actions, d'autant plus qu'elles nécessitent souvent d'intégrer des partenaires externes (relations presse, *Web agency*, etc.).

41 Accompagnateurs de l'entrepreneur

De nombreuses études ont démontré l'utilité d'un accompagnement de l'entrepreneur, certes dans la phase de création, mais aussi au cours des étapes de développement de l'entreprise. Tout au long de la démarche entrepreneuriale, l'alternance incontournable de périodes d'enthousiasme, de doute, d'euphorie, d'angoisse, etc., justifie pleinement un appui technique et/ou psychologique.

Au fil des initiatives, des structures se sont constituées pour apporter ce confort. Leur vocation est d'être un appui pour les porteurs de projet dans un premier temps, et, dans un second temps, pour les chefs d'entreprise.

Le coaching

Le coaching est la mise en place d'une relation suivie entre un coach et un entrepreneur pour une période donnée. Il a pour vocation de permettre à l'entrepreneur d'atteindre, ou même de dépasser, ses objectifs grâce à un accompagnement personnalisé. Toutefois, à la différence d'un conseiller, le coach ne se substitue pas à celui qu'il accompagne.

Au début de leur rencontre, l'entrepreneur et le coach auront déterminé ensemble l'objectif, le cadre et les résultats attendus. Avec la volonté constante d'éclairer le parcours, le coach est là comme appui pour favoriser l'émergence de solutions et de stratégies. L'entrepreneur est donc le maître du contenu et le coach le maître du cadre.

Le coach aide l'entrepreneur à identifier ses motivations, ses stratégies, ses compétences. L'entrepreneur est amené à se confronter à ses engagements ou à sa problématique pour les approfondir. Toutes les options envisageables lui sont alors explicitées. Un travail de ce type déclenche chez l'entrepreneur des prises de conscience claires lui permettant par la suite d'interpréter les événements sous un angle propice à la concrétisation de ses objectifs. Cette forme d'accompagnement représente un véritable soutien moral et une aide à la prise de décision.

Dispositifs d'accompagnement

Lors de la formalisation du projet comme lors des premiers mois d'activité de l'entreprise, choisir d'être accompagné peut se révéler un atout dans différents domaines. Ces appuis peuvent prendre des formes diverses : financement, conseil, formation, hébergement, etc.

Incubateurs et couveuses

Un incubateur d'entreprises (ou couveuse) est un lieu d'hébergement de projets de créations d'entreprises. Il accueille et accompagne des entrepreneurs jusqu'à la création et, parfois même pendant les premiers mois d'existence de l'entreprise. Selon les structures, l'étendue et la variété des services offerts par les incubateurs sont très variables. Cependant, les incubateurs proposent tous un savoir-faire, des moyens logistiques et une mise en réseau.

À noter

Palette de services proposés dans un incubateur

Les services varient selon les structures : hébergement, conseils juridiques et financiers, analyse du business model, recherche de financements, parcours de formation, coaching de soutien psychologique, accès à un réseau de contacts, appui financier, par exemple financement de l'étude de marché, etc.

Pépinières

Les pépinières d'entreprises interviennent à l'étape suivante. Elles mettent à la disposition des entrepreneurs à la fois des locaux et une infrastructure technique et administrative destinée à gagner du temps et à minimiser les coûts initiaux. La France est ainsi maillée par des pépinières d'entreprises, pour la plupart créées dans les années 1990 sous l'impulsion des municipalités avec l'aide des collectivités territoriales.

Accompagnement de la jeune entreprise

Plus que tout autre, la jeune entreprise gagne à tisser des liens avec les différentes composantes de son environnement. Les principales organisations professionnelles sont :

- le MEDEF (patronat) ;
- la CGPME (Confédération générale des petites et moyennes entreprises) ;
- le CJD (Centre des jeunes dirigeants d'entreprises).

Ces deux dernières organisations s'intéressent plus spécifiquement aux jeunes entreprises, leurs adhérents étant exclusivement des petites et moyennes entreprises. Par ailleurs, tout entrepreneur gagne à se rapprocher des structures propres à son secteur d'activité (fédérations et syndicats professionnels) et des clubs d'entrepreneurs.

Les Chambres de commerce et d'industrie (CCI) viennent également en appui aux créateurs d'entreprise : des conseillers et des réunions d'information y sont à disposition. Les CCI organisent également régulièrement des forums de rencontre entre investisseurs et entrepreneurs.

Pour la France :

Pour Paris :

Accompagnement d'entreprises innovantes

Organismes de recherche

Grâce à la loi sur l'innovation, un chercheur peut désormais créer facilement une entreprise. Ces nouvelles dispositions concernent notamment les chercheurs des organismes publics comme le CNRS (Centre national de la recherche scientifique), le CEA (Commissariat à l'énergie atomique) ou l'INRIA (Institut national de recherche en informatique et automatique). Ces organismes ont d'ailleurs, pour la plupart, mis en place ou renforcé des équipes de recherche et se sont regroupés pour créer des incubateurs thématiques ou généralistes.

Mentorat entrepreneurial

En vogue au Québec depuis de longues années, le mentorat se définit par l'accompagnement, sur une période de quelques mois, d'un entrepreneur (le mentoré) par l'un de ses pairs (le mentor) durant la phase de croissance de son entreprise. Ce dispositif a essentiellement pour vocation d'accélérer et de sécuriser le développement des PME à fort potentiel. Par ce biais, les entrepreneurs sont mis en relation dans un cadre privilégié, en ayant veillé au préalable à l'absence de tout conflit d'intérêts. L'objectif est de favoriser le partage d'expériences et de savoir-faire. Afin de diffuser ce type d'accompagnement en France, l'Institut de mentorat entrepreneurial a été créé à Paris en 2007 :

En France, il est habituel de considérer comme stratégiques les trois premières années d'une création ou d'une reprise d'entreprise. Par conséquent, cette première phase ne doit pas être négligée : un accompagnement adapté tout comme l'intégration à des réseaux peuvent se révéler cruciaux pour l'entrepreneur. Il est en effet remarquable de constater combien la pérennité des entreprises augmente lorsque celles-ci sont soutenues et appuyées par un réseau de façon sérieuse pendant la mise en œuvre de leur projet (pour les autres réseaux, se repérer sur le terrain, voir focus 6, module 45).

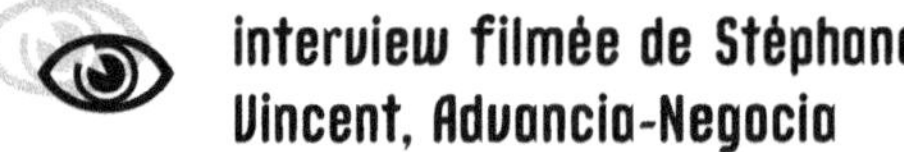 interview filmée de Stéphane Vincent, Advancia-Negocia

Réseaux sociaux

'entrepreneur ne peut faire cavalier seul. Avant même la création de son entreprise, il aura intérêt à fonctionner dans une logique de réseau pour rendre ses actions plus efficaces. Les réseaux constituent en effet un élément indispensable sur le chemin de la réussite entrepreneuriale. Ils existent depuis des millénaires et fonctionnent sur deux principes : des relations informelles et la convivialité des échanges basés sur la confiance. Cependant, Internet en a démultiplié la puissance.

L'esprit réseau, un « must » pour l'entrepreneur

Qu'est-ce que l'esprit réseau ? Les générations précédentes accordaient de l'importance à la culture et aux connaissances personnelles : quelqu'un était intéressant par tout ce qu'il connaissait. Puis, les relations personnelles ont gagné en importance : avoir de l'entregent, connaître du monde, etc. On devenait important par le nombre de ses relations, par son rayonnement social. C'était là les premières phases de l'ère des réseaux. Aujourd'hui, avoir l'esprit réseau, c'est non seulement savoir se créer des relations, mais surtout être connu des autres : l'enjeu n'est plus seulement qui vous connaissez, mais qui vous connaît, vous et vos activités. La morale actuelle des échanges pourrait se résumer par cette formule : à quoi sert-il d'être génial si personne ne le sait ?

Une part de la valeur ajoutée par l'entrepreneur à son entreprise réside dans sa capacité à identifier les opportunités et à rapprocher les acteurs susceptibles de les exploiter avec lui. Le réseau représente précisément le moyen de renforcer les possibilités d'identification et de développement d'opportunités. Par son biais pourront être conquis de nouveaux clients, de nouveaux fournisseurs. Il permettra parallèlement de profiter de l'expérience d'autres entrepreneurs, de mettre en place des partenariats, de capter l'attention d'investisseurs et de se faire connaître. Ainsi, le réseau social, introduit en France sur le modèle du social networking américain, permet à l'entrepreneur d'optimiser ses affaires par l'élargissement de son cercle de connaissances.

Se faire connaître sur les réseaux sociaux

De nos jours, il est stratégique pour toute jeune entreprise d'être présente sur Internet, pour communiquer et aller ainsi à la rencontre de ses clients, pour interagir avec eux, mais aussi pour se bâtir un réseau.

Les sites de «réseautage» social fonctionnent à la manière du monde des affaires dans la vie réelle : les relations s'appuient sur la confiance et la réputation. De nos jours, la réputation numérique existe : c'est l'image générée sur le Web par un individu ou une entreprise à travers les informations et les données circulant sur son compte. Internet et les logiciels sociaux (à la base des réseaux sociaux en ligne) démultiplient l'efficacité du «réseautage», notamment par la rapidité et la fluidité de la mise en relation et par l'automatisation du suivi des contacts.

Apprendre à capitaliser sur les liens faibles

Les proches (famille, amis ou professionnels) constituent les liens forts, les liens à longue durée de vie et à réciprocité élevée. À l'inverse, les relations occasionnelles, issues d'un contexte très précis ou ponctuel, représentent les liens faibles. Naturellement, chacun a tendance à privilégier et à solliciter les liens forts, cette démarche étant la plus confortable. C'est pourtant une erreur : l'entrepreneur a davantage de chance de recueillir des informations nouvelles et utiles auprès de ceux issus de sphères différentes, donc avec lesquels le lien est plus faible. De plus, le nombre des connaissances/liens faibles est toujours supérieur au nombre d'amis/liens forts : le réseau de liens faibles est donc plus vaste, plus chargé en potentialités. Quelle qu'en soit son étendue, ce second cercle peut être géré efficacement par un logiciel social.

www.placedesreseaux.com/

Atouts et faiblesses des réseaux sociaux

Les atouts

Ils sont à plusieurs niveaux :

- partage d'informations entre membres du réseau ;
- accroissement des contacts et démultiplication des échanges entraînant une rupture de l'isolement ;
- visibilité par tous les acteurs du monde de l'entreprise ;
- possibilité d'obtention de la bonne information au bon moment pour mieux traiter ses affaires ;
- démultiplication des relations à travers le monde et possibilité d'un développement à l'international ;
- optimisation des recrutements avec la facilitation à repérer un CV intéressant ;
- échanges de conseils et bonnes pratiques ;
- opportunités de mutualisation (pour réduire des charges de l'entreprise, se regrouper pour acheter moins cher).

Depuis l'ère Internet, le monde des affaires, composé d'entrepreneurs plus ou moins isolés, a basculé dans un système où tout est connecté. Les difficultés tiennent désormais à la surveillance et au nécessaire filtrage des informations en circulation.

Interview
**Alain Bosetti, cofondateur du salon des micro-entreprises
(www.salonmicroentreprises.com)**

« Il faut savoir utiliser les réseaux, car l'union fait la force, mais il est parfois difficile de se diriger dans cet univers. La réputation numérique a aussi son poids : quand on vous cherche sur Google, il faut bien sûr vous trouver, mais à votre avantage. C'est la raison d'être du site Place des réseaux. »

Dominique Jongbloed, directeur de l'EFMA (École de formation aux métiers de l'aventure)[1]

> *« Le plus important ? S'appuyer sur le relationnel. Si j'avais été un taciturne solitaire, je n'aurais pas réussi. La portée d'un réseau est considérable ; mais il ne s'agit pas d'un réseau pour un réseau comportant 1 000 noms qui ne vous servent à rien, ce qui est souvent le cas dans la culture Facebook actuelle. Ce réseau, il faut savoir le faire vivre, l'activer constamment, l'amener à être qualitatif par la sélection. C'est lui qui fait la différence. C'est un levier de réalisation souvent sous-estimé. C'est un mécanisme qui a fonctionné pour moi, qui m'a permis de tenir la barre et de donner de nouveaux caps. »*

Les faiblesses

Certains risques doivent être sérieusement pris en compte :

- manque de confidentialité par l'abondance des informations possibles sur les personnes ;
- conservation indéfinie des échanges sur le Net et donc visibilité d'informations périmées ;
- travail de suivi supplémentaire indispensable pour éviter toute interruption (au risque de perdre en crédibilité par le vieillissement des messages ou l'interruption d'une page) ;
- absence de contrôle des informations publiées (pour grossir artificiellement le nombre de leurs membres, les sites de réseautage d'affaires enregistrent parfois des contacts non volontaires !) ;
- perte de temps considérable pour de petites entreprises (de 10 à 20 heures par semaine), car un réseau doit s'entretenir…

---

1. Lire aussi : www.nordsud-institute.com/index_fichiers/dominique_jongbloed.htm.

30 % des entrepreneurs indiquent utiliser les réseaux sociaux pour le développement de leurs affaires, 25 % pour le recrutement de collaborateurs et 10 % pour trouver des experts. Au regard de cet existant, il n'est plus possible de vouloir entreprendre sans les réseaux sociaux, même si les risques encourus dans ce contexte doivent être, pour l'entrepreneur, des points de vigilance à ne pas négliger.

Interview

Pascale Bernet, fondatrice de la société Art'ketype (www.art-ketype.com)

L'objectif de l'entreprise est de mettre en contact des artistes et des particuliers, des entreprises ou des professionnels de la décoration pour louer ou vendre des œuvres d'art adaptées à un lieu ou à une image ; mais surtout de faire créer par un artiste une œuvre spécifique pour communiquer les valeurs de l'entreprise ou mettre en valeur un lieu (photos, peintures, sculptures, vitraux, etc.).

– Pourquoi avoir créé Art'ketype en 2006 ?

Après la vente à Publicis de mon agence Ekonos, j'ai voulu mettre mon expérience de la communication et du design, du monde des arts, au service des entreprises, des professionnels de la décoration, et même des particuliers, afin de répondre à leur demande. Mon ambition est de mettre l'art au service de la communication et de la décoration.

Oui, je favorise la connexion entre le monde des affaires et le monde artistique. C'est étonnant d'ailleurs de voir ces deux mondes se rencontrer, avec curiosité, ouverture et respect. En effet, les entreprises qui choisissent cette option culturelle ont un vrai désir de s'ouvrir à un monde différent et de créer une passerelle entre l'art et l'entreprise.

Je fais travailler des artistes pour des entreprises commanditaires. Récemment un peintre a réalisé 5 tableaux pour la société ELM Leblanc, en s'appuyant sur les plans techniques de leur dernière chaudière. Grâce à son interprétation artistique, il a ainsi créé 5 œuvres originales pour une salle de réunion. Et le résultat est stupéfiant ! Autre cas, un hôtel, en Bourgogne m'a demandé de réfléchir à un projet d'œuvre à réaliser pour sa salle de restaurant... C'est vraiment dans ces cas-là que je suis force de proposition, après avoir vu les lieux, pour en percevoir la dimension, l'atmosphère, les désirs du client...

Je fonctionne principalement par le bouche-à-oreille. Les réseaux sont source de nombreux contacts et peuvent apporter de vraies opportunités de business. Ils m'ont ouvert de nombreuses portes et donné, au gré des rencontres, de nouvelles idées... Mais il faut vraiment distinguer les réseaux virtuels des réseaux « réels ». En effet, il ne faut pas se cantonner à des contacts uniquement virtuels. La rencontre en face-à-face est très importante, indispensable même, car il est difficile de recommander quelqu'un sans l'avoir vu : notre image personnelle passe aussi par la qualité de la personne que l'on introduit ou recommande. Et là, la sympathie, l'intuition jouent forcément leur rôle.

Chaque réseau est spécifique, coloré de la personnalité de son créateur, de ses valeurs, de ses membres, comme une entreprise. Chacun fonctionne différemment : certains privilégient des rencontres régulières, d'autres épisodiques. Un de mes réseaux, BNI, clairement business, est basé sur des rencontres hebdomadaires de 7 h 30 à 9 h 30 le matin ; il permet de bien se connaître et de mettre en commun nos carnets d'adresses. Les réseaux virtuels, tels Viadeo ou Linked In, sont à la fois plus puissants, plus rapides, mais pour moi plus difficiles à bien utiliser.

Cela dépend bien sûr du type d'activité. Il est cependant fondamental de nos jours d'être très actif sur la toile. Dans ma profession, le réseau est complètement indispensable : les artistes comme les entreprises convergent vers moi par ce biais. Le réseau a aussi un côté généreux qui me plaît, au-delà des intérêts qui l'animent. On donne pour recevoir. Il y a des échanges, des rencontres enrichissantes, des découvertes d'expertises, de vrais contacts humains, générant aussi des opportunités. Mais il faut savoir faire vivre son réseau ; il ne s'agit pas de cumuler une liste impressionnante de contacts, ce qui peut même inspirer la méfiance. Il faut savoir être sélectif, surtout sur les réseaux virtuels. C'est pour cette raison que les rencontres régulières sont indispensables ; elles permettent de réactiver naturellement les anciens contacts : c'est tout un art de maintenir un bon réseau.

On peut y être jugé, du moins observé, en fonction des personnes en contact avec nous. Ceci concerne essentiellement les réseaux virtuels. On ne maîtrise pas tout, on peut se laisser déborder par l'image produite au travers même de ses contacts. Au niveau de notre nom, le phénomène des homonymes peut aussi, dans certains cas ponctuels, nuire à quelqu'un, pris pour un autre, et pas dans le bon sens : l'amalgame est vite fait ! C'est un outil extraordinaire, mais il faut bien savoir le maîtriser.

interview filmée d'Alain Bosetti,
Place des Réseaux

43 Outils de communication

À toutes les étapes, l'entrepreneur doit être un communicant. Il doit savoir diffuser ses messages et écouter ceux qui reviennent vers son entreprise. Qu'il s'agisse de convaincre un financeur, de trouver des clients, de travailler avec un partenaire ou de mobiliser ses collaborateurs, l'entrepreneur devra constamment expliquer qui il est, ce qu'il fait et pourquoi son entreprise est performante dans son domaine.

La communication : un acte commercial

Communiquer constitue un acte commercial à part entière, puisqu'il est question de vendre ses produits et/ou services à travers l'image véhiculée par son entreprise. Certains procédés comme le mailing et l'achat d'un stand dans un salon ou une manifestation commerciale relèvent d'ailleurs à la fois de la stratégie commerciale et de la communication proprement dite.

Le budget de communication varie selon l'activité de l'entreprise et son degré de développement. Une petite boutique de quartier, centrée sur une clientèle locale, n'engage pas les mêmes moyens qu'une entreprise de conseil dans l'obligation de se battre pour capter l'attention d'une clientèle éparpillée. Une entreprise artisanale locale peut s'appuyer sur son seul savoir-faire, et le bouche-à-oreille joue un rôle certain, alors qu'une entreprise de services doit déployer les armes nécessaires pour s'imposer dans un milieu extrêmement concurrentiel. L'entreprise récemment créée doit immédiatement chercher à se faire connaître, alors qu'une entreprise reprise, auréolée d'une certaine notoriété, nécessite une communication plutôt axée sur un produit spécifique ou sur telle ou telle nouveauté, comme l'ouverture d'un nouveau point de vente.

L'entreprise peut communiquer sans frais, avec une communication discrète, mais efficace, ou à moindre coût, en communiquant au fil de l'eau.

La communication : un acte à anticiper

L'activité de communication doit être mise en place très en amont quand l'entreprise est encore en création. Cette action doit s'effectuer parallèlement à la construction juridique et à l'organisation d'ensemble. Attendre l'ouverture de son entreprise pour commencer à communiquer est déjà tard : trois mois peuvent être ainsi facilement perdus par manque d'anticipation. Il s'agit pourtant d'un défaut fréquent, car l'inquiétude du créateur est, au tout début, plutôt centrée sur les aspects financiers, juridiques ou organisationnels.

Quand les objectifs et le budget le justifient, l'entrepreneur peut envisager de communiquer de façon planifiée à travers une campagne de publicité, mais ce sont là des budgets peu à la portée de la petite entreprise. Dans tous les cas, l'entrepreneur a intérêt à utiliser les nouveaux modes de communication, électroniques et à large diffusion, aujourd'hui à sa disposition (voir module 44).

La communication discrète

Avant même de se lancer dans des démarches coûteuses, il faut penser aux modes efficaces de communication gratuits ou peu coûteux.

– Le **réseau personnel** : famille, amis, voisins, anciens collègues, tous doivent entendre parler de votre entreprise. Certains seront peut-être clients, d'autres vous mettront en relation avec des clients potentiels.

– Le **bouche-à-oreille** : il suffit de constater la vitesse à laquelle une rumeur se répand pour en déduire l'efficacité de la transmission informelle d'un individu à l'autre. Un entrepreneur est tellement habité par son projet qu'il en parle généralement spontanément.

– La **réputation** : elle se fonde sur les retours des clients. Elle ne se commande pas et peut être sans indulgence ou au contraire stimulante pour l'entreprise soucieuse de qualité. Le client satisfait est le moyen le moins cher pour communiquer efficacement.

La communication au fil de l'eau

Permanent et à moindre frais, ce type de communication confère une visibilité diversifiée à l'entreprise.

– **Animation sur le lieu de vente, showroom** : selon l'activité de l'entreprise, celle-ci soignera le lieu de présentation de ses produits. Dans tous les cas, il est important de veiller à l'espace d'accueil des clients dans l'entreprise. Trop souvent négligée, la qualité de l'accueil téléphonique est aussi une façon de communiquer quotidiennement sur l'entreprise.

– **Affichage du nom de l'entreprise sur la façade de son immeuble**.

– **Cartes de visite et papier à en-tête**.

– **Véhicule(s) aux couleurs de l'entreprise** pour communiquer lors des déplacements professionnels.

Dans le cas d'une activité de proximité, commerce ou service :

– **Distribution d'une plaquette commerciale** dans les boîtes aux lettres.

– **Flyers** : ces supports sont généralement le premier réflexe publicitaire de l'entreprise en création. Toutefois, leur distribution en main propre peut s'avérer coûteuse en temps et en argent (s'il est fait appel à du personnel chargé de les distribuer) et apporter finalement peu de résultats. De meilleures performances sont notées quand ces supports offrent une réduction ou l'obtention d'un avantage au détenteur du flyer.

– **Affichage dans les boutiques proches**.

La force de la marque et du logo

Marque et logo sont les signes distinctifs de l'entreprise. Ils transmettent un message de façon subliminale. La marque et le logo constituent souvent la première impression laissée par l'entreprise, son premier acte de communication : il faut penser à la carte de visite, à la première présentation de business plan, aux factures, etc. D'où l'importance de bien choisir le nom de son entreprise puis son identité graphique. Un nom évocateur facilite la communication. Un logo adapté porte l'image de (la) marque. Pourtant, les nouveaux entrepreneurs négligent souvent cet aspect, y consacrant peu de temps et d'argent.

Nom de domaine

Adresse Internet principale d'un site Web, souvent identique au nom de la société. Un nom de domaine peut se composer de plusieurs extensions spécifiques correspondant à un pays (.fr, .it, .co, .uk, .de, etc.), à une organisation (.org) ou exprimer une idée générique (.com, .net, .info, etc.).

La marque est une construction progressive : plus on s'y attelle tôt, plus elle deviendra forte et connue si l'on s'y prend bien. L'entreprise à l'origine d'un produit nouveau, communiquant efficacement sur sa marque, sera considérée comme la «pionnière», l'«originale», l'«authentique» face aux copies apparues ensuite sur le marché. C'est ainsi qu'elle pourra, par exemple, continuer à pratiquer des prix plus élevés si les autres critères de qualité suivent.

Il importe de déposer le nom commercial à l'INPI (Institut national de la propriété industrielle, www.inpi.fr) et de réserver le nom de domaine pour la création du futur site Internet de l'entreprise (Association française pour le nommage Internet en coopération : www.afnic.fr).

La publicité traditionnelle

L'objectif de la publicité est de faire connaître l'entreprise, pour vendre mieux et plus. Des outils sont à la portée de toute entreprise :

– L'**inscription dans les annuaires professionnels** papier et numériques.

– Les **cadeaux d'entreprise** : le stylo-bille aux couleurs de sa marque, traditionnel, mais présentant l'avantage de passer de main en main, ainsi que tous les petits objets utiles ou qui feront parler d'eux.

– Les **communiqués de presse** : ils peuvent être diffusés aux journaux nationaux ou locaux. La rédaction d'un communiqué de presse implique d'y proposer une information susceptible d'être facilement reprise ensuite par les journalistes. Cet objectif suppose, pour le rédacteur, de prendre du recul sur les informations à transmettre sur son entreprise et de mettre en valeur une véritable information nouvelle ou intéressante. Selon l'intérêt des informations proposées, les journalistes auront en effet envie ou non d'en faire un article. Point financièrement intéressant, un communiqué de presse est inséré gratuitement (mais les articles issus de ces informations sont aléatoires et dépendent des exigences de l'actualité du moment).

Interview
Nadège Trari, responsable de communication de TeamCast (PME spécialisée en télévision numérique, www.teamcast.com)

– Quel est le « plus » du communiqué de presse ?

L'argument d'autorité ! Les médias ont un fort impact d'image, même si chacun s'en défend. Lorsqu'une information sur une entreprise est reprise par les médias, cette information bénéficie aussitôt de la caution du journaliste qui a signé l'article. Cette information semble immédiatement plus objective, plus sérieuse. C'est pourquoi je déconseille vivement d'écrire au nom de son entreprise. Cela pourrait même décrédibiliser le message.

– Comment choisir les bonnes informations pour ce communiqué ?

Il suffit de se demander : l'information que je veux diffuser présente-t-elle un réel intérêt pour des journalistes ? Si oui, elle en aura aussi pour les lecteurs. Il faut penser que les lecteurs sont vos proches voisins, mais aussi d'autres entrepreneurs, des financiers... Le hasard des contacts possibles joue alors pleinement son rôle. Il faut choisir en synthèse les informations clés, mais ne surtout pas rédiger l'article lui-même.

– Une astuce à nous confier ?

En cas de lancement d'une entreprise ou d'une boutique d'e-commerce, proposer par exemple un geste commercial, uniquement dédié aux lecteurs, avec un code de promotion spécial.

– Quelle erreur peut-on éviter ?

Communiquer sur plusieurs événements : le communiqué de presse doit être toujours porteur d'un seul événement. Pensez à lister tous les avantages de cet événement avant de rédiger le texte. Pensez aussi à répertorier tous les aspects pratiques (dates, horaires, plan d'accès, etc.).

D'autres procédés sont beaucoup plus coûteux :

– La **presse** : toute action publicitaire dans la presse, écrite ou orale, est coûteuse. Elle suppose d'être bien réfléchie, planifiée et organisée. Le recours à une agence de communication est ici recommandé.

– L'**événementiel** : là encore, il s'agit d'une opération à préparer avec soin avec le concours d'une agence spécialisée.

www.micheletaugustin.com/indexflash.htm

Voici enfin deux ingrédients indispensables à la recette du lancement de son petit commerce : un bon ciblage et de la créativité. Il faut bien soigner ce moment de l'ouverture et construire judicieusement la liste de ses invités. Lors de l'inauguration, pensez à convier ceux qui ont été un réel appui dans le montage du projet : la mairie (annonce publicitaire dans le bulletin municipal), les commerçants voisins, vos investisseurs et pourquoi pas quelques-uns de vos premiers clients ? Pensez aussi à l'association des commerçants du secteur, elle constituera un autre appui par la suite.

Dans tous les cas, l'entrepreneur doit veiller à gérer sa promotion pas à pas. Attention au risque de ne pas pouvoir faire face, *a contrario*, aux nombreuses demandes liées à une campagne de publicité (trop) réussie dont on ne parvient pas à assumer le suivi.

 **interview filmée de Marc Schillaci, Oxatis**

44 Nouveaux modes de communication

Le bouche-à-oreille numérique

Un des plus grands mérites du Web a été de rendre les relations plus accessibles et presque immédiates. C'est notamment le terrain de jeu du buzz, forme moderne du bouche-à-oreille : un message séduit, surprend, amuse ou choque, et les internautes s'en emparent et le font circuler, souvent avec malice. À travers ses différentes applications, Internet constitue ainsi un outil puissant pour communiquer.

– Les **médias sociaux** : démultiplier ses propres relations en utilisant une diffusion en chaîne des informations *via* les communautés virtuelles telles que Facebook, Viadeo ou Twitter, et les sites de partage comme YouTube, DailyMotion ou MySpace. Chaque contenu promotionnel doit s'adapter au public du média social utilisé.

– Les **blogs d'entreprise** : ils favorisent la proximité, dynamisent l'interactivité avec les clients. Ceci est important pour une entreprise en B to C (business to consumer). Mais il ne faut pas oublier que la qualité d'un blog repose toujours sur une mise à jour très régulière, sous peine d'affaiblir l'image de l'entreprise (voir aussi plus bas les flux RSS).

– Les **forums de discussion** : ils confèrent un pouvoir conséquent aux clients amenés à y donner leur opinion sur un produit. Ils permettent à une entreprise de surveiller son image et de tenter de la modifier.

Le site Internet, une vitrine panoramique

Indispensable aujourd'hui, le site Web est devenu la meilleure carte de visite d'une entreprise, y compris pour les TPE. Pourtant, d'après une étude réalisée par Pages Jaunes/H2O, seulement 22 % des TPE/PME disposent d'un site Internet. Or, seuls 10 % d'entre eux seraient des sites permettant le commerce électronique.

Pour l'image et la crédibilité de l'entreprise, la conception d'un site Internet doit être particulièrement soignée. Dans un premier temps, la petite entreprise peut se contenter avantageusement de quelques pages Web de présentation. Il existe des plates-formes de création rapide de sites Web spécialement conçues pour les entrepreneurs. Ce type de produit offre la possibilité de créer son site, pour une centaine d'euros, de manière relativement simple.

Interview

Vincent Nouaux, responsable communication de l'entreprise Intuisphère, productrice du logiciel Acappella (www.intuisphere.fr, www.webacappella.fr)

– Pourquoi avoir créé ce logiciel ?

Notre objectif principal a été de démocratiser, pour les non-spécialistes, la création de sites en permettant à n'importe qui de s'affranchir de toutes les contraintes techniques. Ce logiciel est facile d'utilisation : tout se fait de façon visuelle, instantanée et intuitive.

– Un nouvel entrepreneur doit-il dans tous les cas envisager la création d'un site Web ?

C'est fondamental de nos jours. Même si le site Web n'est pas l'outil principal de toutes les entreprises, car elles ne font pas toutes du e-commerce. Aujourd'hui, l'artisan, le commerçant, le consultant, l'auto-entrepreneur de n'importe quel secteur se servent de leur site comme d'une carte de visite. Ne pas avoir de site Internet peut même constituer un facteur de méfiance. Le réflexe de vérifier la présence d'une entreprise sur Internet est à présent devenu très fort.

En revanche, si l'entrepreneur choisit de confier la réalisation de son site Web à un prestataire spécialisé, il est recommandé d'élaborer un cahier des charges. Fondamentalement, le site Internet doit présenter l'entreprise, son savoir-faire, ses différences. Si l'entreprise se positionne sur une niche, le site permet au client de l'identifier. Toutefois, la règle d'or reste toujours de l'actualiser, car un site non mis à jour joue à contre-courant : cela donne une impression de stagnation de l'entreprise, de manque de professionnalisme, d'absence de dynamisme et de réactivité.

S'il s'agit d'un site marchand, il doit comprendre bien sûr les fonctionnalités du e-commerce. Au-delà de la notoriété, il permet alors d'étendre largement la zone de chalandise et de fidéliser la clientèle. Dans ce cas, le référencement est stratégique et doit être assuré par un spécialiste. À défaut, le site de l'entreprise, aussi bien fait soit-il, restera une rose dans un champ de roses.

Les flux RSS : échanger avec ses clients en toute liberté

Un bon moyen de placer l'entreprise à la pointe des modes de communication est de penser à proposer un flux RSS à partir de son site. Les flux RSS offrent en effet une alternative peu coûteuse de diffusion d'informations sur une entreprise. Pourtant, les TPE ignorent leurs potentialités et les utilisent encore trop peu. C'est dommage, car ce merveilleux outil de veille contribue efficacement au marketing viral et à la promotion.

Le blog est l'application la plus courante du standard RSS. En invitant ses clients à s'abonner aux flux RSS de l'entreprise, en leur offrant ainsi la possibilité de s'exprimer en ligne, l'entreprise identifie leurs centres d'intérêt et leurs besoins. Au fil des échanges se créent de véritables communautés d'intérêt virtuelles vers lesquelles l'entreprise peut distiller des messages et induire un processus de communication virale. De plus, comme le contenu des flux RSS et des blogs est indexé par les moteurs de recherche, des clients potentiels non avertis peuvent accéder aux flux et trouver un produit recherché à partir d'une simple interrogation par mots-clés.

La promotion moderne est interactive. L'essence même de la communication se base sur un échange réciproque entre un émetteur et un récepteur. Une entreprise communicante doit désormais offrir un espace de libre expression à ses clients. Qu'ils apprécient ou pas ses produits, mieux vaut de toute façon leur laisser le droit d'expression : l'entreprise dispose ainsi d'une capacité de réaction immédiate. Et toute publication la concernant véhiculée par Internet va nourrir les moteurs de recherche et jouer en faveur de sa notoriété.

Pour s'informer des nouvelles technologies à mettre au service de son entreprise, il existe des espaces de partage des pratiques innovantes tels que l'Échangeur (www.echangeur.fr ; à Paris www.echangeur-pme.ccip.fr).

En pratique

Quand un site Web permet de faire entrer les produits dans l'univers des clients

L'entreprise Playviz propose une application permettant d'intégrer avec un grand réalisme des objets 3D dans une configuration réelle. Les clients peuvent ainsi vivre une véritable expérience et, d'un clic, insérer dans la photo de leur propre intérieur, les images en 3D de meubles et objets de décoration commercialisés par des marques partenaires. Cette technologie dite de la « réalité augmentée » permet à l'entreprise d'accompagner ses clients du site Web jusqu'au lieu de vente…

Sur le terrain...

« Quoi que tu rêves d'entreprendre, commence-le.
L'audace a du génie, du pouvoir, de la magie. »
Johann Wolfgang von Goethe

 **interview filmée d'Erik Gendre-Ruel, Groupama**

45 Principaux contacts

Informations générales et réglementaires

- APCE (Agence pour la création d'entreprise) : www.apce.fr
- CCI (Chambres de commerce et d'industrie) : www.cci.fr (une centaine de chambres dans toute la France)
- CCI de Paris : www.ccip.fr ; informations réglementaires : www.inforeg.ccip.fr
- CMA, Chambres de métiers et de l'artisanat : www.artisanat.fr
- Observatoire des aides aux entreprises : www.aides-entreprises.fr
- Propriété industrielle : www.inpi.fr
- Site officiel du droit français : www.legifrance.gouv.fr

Réseaux, accompagnement de l'entrepreneur

- 100 000 entrepreneurs, passerelle entre les jeunes et les entrepreneurs : http://100000entrepreneurs.com
- Action'elles : www.actionelles.fr

- APM (Association pour le progrès du management) : www.apm.fr

- Auto-entrepreneuriat : www.lautoentrepreneur.fr (le site officiel)

- Avise (Agence de valorisation des initiatives socio-économiques) :
  www.avise.org

- Boutiques de gestion : www.boutiques-de-gestion.com

- CGPME (Confédération générale des petites et moyennes entreprises) :
  www.cgpme.fr

- CJD (Centre des jeunes dirigeants) :
  www.cjd.net et www.jeunesdirigeants.fr

- DCF (Dirigeants commerciaux de France) : www.reseau-dcf.fr

- Entreprendre en France (réseau des professionnels de la création et de la
  reprise) : www.entreprendre-en-france.fr

- ETHIC (Entreprises de taille humaine indépendantes et de croissance) :
  www.ethic.fr

- Fédération des centres de gestion agréés : www.fcga.fr

- IME, Institut du mentorat entrepreneurial : www.institut-mentorat.ccip.fr

- IMS-Entreprendre pour la cité (engagement sociétal des entreprises) :
  www.imsentreprendre.com

- MEDEF (Mouvement des entreprises de France) : www.medef.com

- Ordre des experts-comptables : www.experts-comptables.com

- Paris Pionnières : www.parispionnieres.org

- Place des réseaux : www.placedesreseaux.com

- Réseau Entreprendre : www.reseau-entreprendre.org

- Retis (Réseau recherche, technopoles, incubateurs) :
  www.retis-innovation.fr

  **interview filmée de Stéphane Vincent, Advancia-Negocia**

Réseaux, financement

- Adie (Association pour le droit à l'initiative économique) :
  www.adie.org (microcrédit)
- Fédération des Cigales : www.cigales.asso.fr (capital-risque solidaire)
- FinanCités : www.financites.fr (finance solidaire)
- Fondation de France : www.fdf.org
- France Active : www.franceactive.org (prêts bancaires)
- France Initiative : www.france-initiative.fr (prêts d'honneur)
- FSE (Fonds social européen) : www.fse.gouv.fr (aides européennes)
- Garrigue : www.garrigue.net (capital-risque solidaire)
- OSEO : www.oseo.fr

Manifestations professionnelles

- Salon des entrepreneurs (Paris, Lyon, Nantes) :
  www.salondesentrepreneurs.com
- Salon des microentreprises (Paris) : www.salonmicroentreprises.com

46 Bibliographie commentée

Veille sur l'entrepreneuriat en France et dans le monde

J'entreprends et j'aime ça ! Entrepreneuriat : entreprendre, apprendre, se surprendre…

http://jentreprends-et-jaime-ca.typepad.com/

Histoires d'entreprises et témoignages d'entrepreneurs

Tous ces livres vont vous donner envie d'entreprendre ! Vous allez découvrir la réalité, comprendre le terrain, relativiser. Ils vont vous inspirer et conforter votre envie d'entreprendre.

- Adam, J., Blanchet, P., *Entreprendre avec sa différence*, DFR, 2006.

Le parcours d'un entrepreneur : Jérôme Adam a perdu la vue à 15 ans et créé sa première entreprise à 23 ans. Tous les ingrédients de ce qui construit un homme et de ce qui fait l'esprit d'entreprendre se trouvent rassemblés dans cette leçon de vie.

- Seghers, V., Allemand, S., *L'audace des entrepreneurs sociaux : concilier efficacité économique et innovation sociale*, Autrement, 2007.

Écrit dans un style journalistique, ce livre offre le portrait d'entrepreneurs dont les projets, les secteurs d'activité et les valeurs allient opérationnalité économique et implication sociale.

- Bornstein, D., *Comment changer le monde. Les entrepreneurs sociaux et le pouvoir des idées nouvelles*, La Découverte, 2005.

Le récit fascinant d'individus qui ont su résoudre des problèmes sociaux à grande échelle. Par la force de ses exemples, ce livre parle en coleurs de l'évolution de l'entrepreneuriat.

- Chouinard, Y., *Homme d'affaires malgré moi. Confessions d'un alter-entrepreneur*, Vuibert, 2006

Le témoignage du créateur de Patagonia (vêtements outdoor) : il a fait de sa passion pour les sports extrêmes et pour la protection de l'environnement une entreprise responsable, sorte d'archétype de l'alter-entrepreneuriat.

- Cohen, R., *Le second rebond de la balle*, Saint-Simon, 2008.

Témoignage et analyses d'un investisseur en capital : un enseignement sur la manière de transformer les risques en opportunités. À travers l'histoire de cette réussite entrepreneuriale, on pénètre au cœur de l'esprit d'entreprendre.

- Da Rocha, A., *Pas si dur d'entreprendre : mode d'emploi*, Les Carnets de l'info, 2009.

L'histoire entrepreneuriale des fondateurs du premier groupe de presse immobilière *De Particulier à Particulier*.

- Edel, L., Lanzmann, C., *Gagner sa vie en se faisant plaisir : 200 idées de business pour devenir entrepreneur de sa vie*, Jean-Claude Lattès, 2006.

Un hymne à la créativité des entrepreneurs : ce livre est une boîte à idées de la création d'entreprise dont beaucoup viennent de l'étranger. Chaque projet est décrit précisément : investissement de départ, avis et conseils d'un expert, marché potentiel, informations pratiques.

- Kosciusko-Morizet, P., *PriceMinister : toutes les entreprises ont été petites un jour*, Les Carnets de l'info, 2010.

  L'histoire de la première entreprise d'e-commerce en France racontée par son créateur. Ce parcours d'entrepreneur met joliment en illustration des fondamentaux de l'entrepreneuriat : dimensions humaines et techniques, choix des associés et choix stratégiques, revers et opportunités, risque et esprit de décision.

- Horn, M., *Objectif : pôle Nord de nuit*, XO, 2007.

  Le récit du magnifique défi d'un entrepreneur aventurier qui a choisi d'atteindre le pôle Nord dans des conditions inouïes. Une métaphore de l'aventure, de l'audace et de la réussite entrepreneuriales.

- Poujade, V., *Étudiants, osez créer votre entreprise !*, Vuibert, 2008.

  Écrit par un étudiant entrepreneur, cet ouvrage donne des informations pratiques et des conseils pour concilier les études et l'entrepreneuriat. Y figure aussi le témoignage d'entrepreneurs ayant créé leur entreprise pendant leurs études.

- Riou, N., *Comment j'ai foiré ma start-up*, Éditions d'Organisation, 2001.

  Plus qu'un échec entrepreneurial, ce livre raconte une belle histoire de création d'entreprise au moment de l'explosion d'Internet : un site Web en B to C destiné aux hommes. On suit l'entrepreneur dans l'euphorie de la naissance de sa start-up, puis dans la désillusion lucide de la cessation d'activité.

- Schweitzer, L., *Mes années Renault : entre Billancourt et le marché mondial*, Gallimard, 2007.

  Le témoignage du patron d'une entreprise devenue mythique. Ce livre éclaire de façon passionnante les mécanismes du pilotage, du développement et de la direction stratégique d'une entreprise. Se lit comme un roman…

Guides pratiques

- Corriveau, G., *Exceller dans la gestion de projet*, Fondation de l'Entrepreneurship, 2007.
- Daïd, G., Nguyên, P., *Le guide pratique de l'auto-entrepreneur*, Éditions d'Organisation, 2010, 2ᵉ éd.
- Deschamps, B., Paturel, R., *Reprendre une entreprise : de l'intention à l'intégration du repreneur*, Dunod, 2009, 3ᵉ éd.
- Guchet, L., *Comment se mettre à son compte : en nom propre, l'auto-entrepreneur, la micro-entreprise, la TPE*, Éditions du Puits Fleuri, 2009.
- Jolly, P., *Créer son entreprise : l'anti-manuel*, Éditions d'Organisation, 2010, 3ᵉ éd.
- Léger-Jarniou, C., *Réaliser l'étude de marché de son projet d'entreprise*, Dunod, 2007, 3ᵉ éd.
- Léger-Jarniou, C., Kalousis, G., *Construire son business plan*, Dunod, 2010, 2ᵉ éd.
- Piganeau, L., APCE, *Le guide de la micro-entreprise*, Éditions d'Organisation, 2010, 7ᵉ éd.

Le coin de l'étudiant (futur) entrepreneur

Voici des ouvrages à lire au cours de ses études d'entrepreneuriat pour se construire une culture en entrepreneuriat, quelle que soit sa formation d'origine, suivis de documents de recherche fondamentaux pour faire ses premiers pas dans la recherche en entrepreneuriat.

Ouvrages à lire au cours de ses études d'entrepreneuriat

- Basso, O., *Le manager entrepreneur : entre discours et réalité, diriger en entrepreneur*, Village Mondial, 2006.

  Cet ouvrage présente une analyse à visée opérationnelle des comportements et objectifs d'action rapprochant mais aussi distinguant l'entrepreneur et le manager. Les composantes de la posture et de la démarche entrepreneuriales sont clairement exposées. Ce livre explique comment concilier le dynamisme entrepreneurial et la discipline managériale. Il constitue ainsi également une bonne introduction à l'intrapreneuriat. Niveau master.

- Bouchard, V., *Intrapreneuriat, innovation et croissance*, Dunod, 2009.

  Ce livre permet de comprendre les principes fondamentaux de l'intrapreneuriat et ses enjeux pour l'entreprise : comment agir en entrepreneur au sein d'une entreprise. Niveau master.

- Boutillier, S., Uzunidis, D., *L'entrepreneur : une analyse socio-économique*, Économica, 1995.

  Cet ouvrage montre les liens qui unissent l'entrepreneur au contexte sociétal et économique dans lequel il opère. À partir du niveau licence/bachelor.

- Brandandere (de), L., *La valeur des idées : de la créativité à la stratégie en entreprise*, Dunod, 2007.

  Ce livre permet de comprendre les mécanismes de la créativité et les moyens de la mettre au service de l'entreprise. À partir du niveau licence/bachelor.

- Fayolle, A., *Le métier de créateur d'entreprise. Motivations, parcours et facteurs clés de succès*, Éditions d'Organisation, 2003.

  Cet ouvrage offre une réflexion sur le sens de l'acte d'entreprendre, pour appréhender l'entrepreneuriat sur les plans humain, économique, social et pédagogique. À partir du niveau licence/bachelor.

- Fayolle, A., *Entrepreneuriat. Apprendre à entreprendre*, Dunod, 2004.

  Un livre très complet analysant en profondeur la diversité des situations entrepreneuriales. Niveau master.

- Fayolle, A., Filion, L.-J., *Devenir entrepreneur : des enjeux aux outils*, Village Mondial, 2006.

  Le livre d'entrepreneuriat à lire en commençant ses études : une approche globale de l'entrepreneuriat présentant concepts et conseils essentiels. À partir du niveau licence/bachelor.

- Janssen, F. (dir.), *Entreprendre : une introduction à l'entrepreneuriat*, De Boeck, 2009.

  Cet ouvrage donne des outils d'analyse et de réflexion pour appréhender la démarche entrepreneuriale, l'évolution du domaine et ses différentes facettes. Niveau master.

- Pluchart, J.-J., Leclerc, G., *Choisir son activité : les métiers de demain*, Éditions d'Organisation, 2010.

  Un ouvrage pensé pour les étudiants et les jeunes diplômés. Outre la présentation en synthèse des connaissances indispensables à l'entrepreneur, l'intérêt de cet ouvrage réside dans la description des démarches de création d'entreprise, des risques et ressources nécessaires tant pour les secteurs d'activité traditionnels que pour les métiers nouveaux. Ce guide aidera à la détection d'opportunités. À partir du niveau licence/bachelor.

- Rédis, J., *Finance entrepreneuriale : le créateur d'entreprise et les investisseurs en capital*, De Boeck, 2009.

  Une présentation très complète de l'univers de l'investissement : modes de fonctionnement et pratiques (choisir son investisseur, préparer une levée de fonds, organiser sa relation avec l'investisseur entré au capital). Niveau master.

Documents de recherche (niveau master)

Ces auteurs ont contribué ou s'appliquent encore à circonscrire ce jeune domaine qu'est l'entrepreneuriat. Ils ont posé les bases d'une réflexion théorique sur l'entrepreneur, les processus à l'œuvre et les réalités opérationnelles.

- Adam, M., *Réinventer l'entrepreneuriat : pour soi, pour nous, pour eux*, L'Harmattan, 2009.

- Bruyat, C., «Création d'entreprise : contributions épistémologiques et modélisation», thèse de doctorat en sciences de gestion, Université Pierre-Mendès-France, Grenoble, 1993.
- Drucker, P., *Les entrepreneurs*, Hachette, 1985.
- Drucker, P., *Innovation and Entrepreneurship: practice and principles*, Butterworth-Heinemann, 2007.
- Gartner, W., «Who is an entrepreneur is the wrong question?», *American Journal of Small Business*, vol. 12, n° 4, 1988, pages 11-31.
- Gartner, W., «What are we talking about when we talk about entrepreneurship?», *Journal of Business Venturing*, vol. 5, n° 1, 1990.
- Hernandez, É.-M., *L'entrepreneuriat, approche théorique*, L'Harmattan, 2003.
- Marchesnay, M., «L'entrepreneuriat : une vue kaléidoscopique», *Revue Internationale PME*, vol. 13, n° 1, 2000.
- Penrose, E., *The theory of the growth of the firm*, Oxford, 1959.
- Shane, S., Venkataraman, S., «The promise of entrepreneurship as a field of research», *Academy of Management Review*, vol. 25, n° 1, 2000, pages 217-226.
- Schumpeter, J., *Théorie de l'évolution économique*, Dalloz, 1999, 3ᵉ éd.
- Verstraete, T., *Entrepreneuriat : connaître l'entrepreneur, comprendre ses actes*, L'Harmattan, 1999.

Remerciements

Nous tenons à remercier le service audio-visuel d'Advancia-Negocia et tout particulièrement : Alain Amat et Bruno Seiler.

Entrepreneurs et experts interrogés

Module 3

Marc Schillaci, créateur d'Oxatis

Module 7

Alain Bosetti, cofondateur du salon des micro-entreprises, du salon des services à la personne et des sites Place des réseaux et Planète-Auto-Entrepreneur

Erick Surcouf, Groupe Surcouf (recherche de trésors)

Module 8

Pascale Bernet, créatrice d'Art'ketype

Module 9

Hapsatou Sy, créatrice d'Ethnicia

Module 10

Pascale Bernet, créatrice d'Art'Ketype

Laurence Moulin, créatrice d'Abonéobio

Emmanuelle Poupeau, Aibell Conseils

Module 12

Erik Gendre-Ruel, directeur Innovation de Groupama

Module 13

Laurent Berlie, Directeur – Laboratoires EONA

Jean-Claude Puerto, PDG d'UCAR

Module 14

Alain Bosetti, cofondateur du salon des micro-entreprises, du salon des services à la personne et des sites Place des réseaux et Planète-Auto-Entrepreneur

Module 16

David Loury, créateur de Cobalt Aircraft

Erik Gendre-Ruel, directeur Innovation de Groupama

Module 18

Pascale Bernet, créatrice d'Art'Ketype

David Loury, créateur de Cobalt Aircraft

Module 22

David Loury, créateur de Cobalt Aircraft

Module 23

Gregory Eustache, créateur d'Intuisphère

Module 24

Antoine Gentil, cofondateur de Baby-Speaking

Module 25

Marie-Cécile Millet, intervenante en veille informationnelle

Module 29

Antoine Gentil, cofondateur de Baby-Speaking

Module 31

Hapsatou Sy, créatrice d'Ethnicia

Module 33

Sandra Piaraly, Kns One

Julien Viaud, cofondateur de Baby-Speaking

Module 35

Alain Bosetti, cofondateur du salon des micro-entreprises, du salon des services à la personne et des sites Place des réseaux et Planète-Auto-Entrepreneur

Index

Symboles

33bis.com 62

A

Abonéobio 68, 75
Adie 32
Aéroports de Paris 124
Âge d'Or Services 230
Aibell Conseils 76
Airness 214
Ambani 50
Apple 40
Art'ketype 284

B

Babyloan 62
Baby-speaking 170
Benetton 248
Bharat Forge 51
BikeCaffe 124
Business Angels des Cités 259
BYD 46
ByNight Sports 63

C

Canailles à Roulettes 34
Career Gear 20
Cartridge World 93
C House Coffee Shop 94
Cobalt Aircraft 131
Color Glo 94
Csoukha 19
C'Zon 62

D

Danone 36
Decathlon 210, 215
Dell 116, 167
Dogtree 22
Dongfeng Motor 46
Douwe Egberts 167
Dr Reddy's Laboratories 51
Dyson 117

E

Eastman Kodak 100
ELM Leblanc 285
Éthiquable 35
Ethnicia 214

F

Ferrero 118
Findus 176
France Telecom 100

G

General Electric 222
Genesis BBQ Chicken 93
Golden Hook 20
Google 100
Grameen Bank 31
Groupama 88
Groupe SOS 32

H

Habitat 125
Haier 46
Hepalink 46
Honda 46, 125

Composé par FG Compo

Dépôt légal : novembre 2010
N° d'éditeur : 4145
Imprimé en Allemagne par BoD